바 로알고 따 라하는 온 배움

에듀테크

디지털교과서 & 메타버스 편

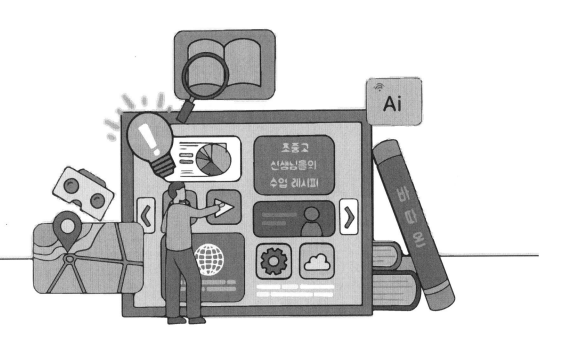

바로 알고 따라하는 온배움

집필

이서영 경기 솔터초등학교

허미주 경기 안현초등학교

박 전 경기 가현초등학교

도현숙 경기 부명초등학교

권혜진 대구 화원중학교

장수인 경기 상지초등학교

김희연 경기 도원초등학교

김우람 경기 향산초등학교

박영숙 부산 오션중학교

안슬기 경기 서해중학교

오한나 경기 효명중학교

이현준 경기 효명고등학교

한의표 경기 연천왕산초등학교

홍영택 경기 호수초등학교

황형준 경기 고양오금초등학교

목차

바로 알고 따라하는 온배움 에듀테크
디지털교과서 & 메타버스 편

바로 알고 따라하는 온배움 에듀테크
디지털교과서 & 메타버스 편 들어가기

바로 알고 따라하는 온배움 연구회 소개

바로 알고 따라하는 온배움 연구회(이하 바따온 연구회)는 '코로나 19' 상황으로 시작한 온라인 수업에서 학생들의 교육 효과를 높이기 위해 2020년에 결성되었고, 그 후 에듀테크를 활용한 수업에 열정적인 전국의 초, 중, 고등 20여 명의 선생님이 모여 지금의 바따온 연구회가 되었습니다.

바따온 연구회에서는 에듀테크를 활용한 수업이 낯선 교사들을 위해 에듀테크 도구의 기본적인 사용 방법과 에듀테크를 활용한 구체적인 수업까지 안내하여 선생님들에게 도움을 드리려고 노력하고 있습니다.

현재까지 바따온 연구회는 다양한 학교급과 교과군에 적합한 디지털교과서, 실감형콘텐츠, 메타버스, AI 등 다양한 에듀테크 도구를 활용한 수업을 아래와 같이 연구해오고 있습니다.

- 2022년 경기도교육청 교원역량강화 프로젝트 메타버스 교육나눔
- 2022년~ 지식샘터 경기도교육청 기관특별강좌 운영
- 2022년~ 경기도 만들어가는 디지털교과서 정책실행 교육연구회 운영
- 2023년 디지털교육 클래스교 가이드 개발

들어가기

이 책은 바따온 연구회에서 편찬한 첫 책자로 앞으로 정기적으로 간행 예정입니다. 2022년에 핵심 연구 주제인 디지털교과서와 실감형콘텐츠를 활용한 수업, 디지털교과서가 아직 없는 교과, 학년의 경우 교사가 메타버스와 에듀테크 도구를 활용하여 만들어가는 디지털교과서를 활용한 구체적인 수업 내용을 다루었습니다. 적용한 학생의 연령 및 학년, 적용 도구에 초점을 맞춰 각 사례를 확인하고, QR 코드 연결 등을 통해 구체적인 수업자료까지 확인하는 것을 추천하는 바입니다.

2023년에도 바따온 연구회에서는 점차 1인 1기기가 보급되는 학교 현장을 고려하여 효율적인 관리 및 효과적인 에듀테크 수업 활용에 대해 연구하여 다음 시리즈에 소개 예정이니 기대해 주시기 바랍니다.

I

디지털교과서 및
공공학습 플랫폼
활용 유형 안내

1. 디지털교과서
2. 실감형콘텐츠
3. 공공학습 플랫폼

1. 디지털교과서

디지털교과서는 교과서의 정보를 디지털로 기록하여 컴퓨터 화면에 떠올려 읽을 수 있게 만든 교과서입니다.

가. 교과서 본문 메뉴 – 자료 연결

교과서의 본문 메뉴 중 '자료 연결' 기능으로 파일 또는 URL을 디지털교과서에 첨부할 수 있습니다. 이 기능으로 다양한 에듀테크 (예 – 패들렛, 북크리에이터, 캔바 등)를 디지털교과서와 연결하여 활용이 가능합니다.

① **자료 연결할 위치 본문 내용 선택** ≫ '자료연결' 선택

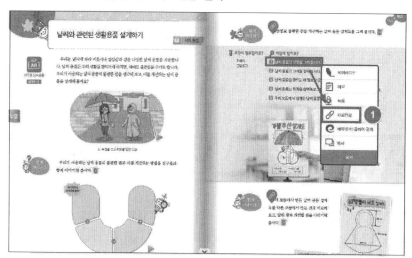

② **자료 설명, URL 또는 파일 추가** ≫ '저장' 클릭

나. 디지털교과서 클래스

디지털교과서의 필기나 자료 연결 등을 학생들에게 공유할 수 있는 기능입니다. 이 기능으로 교사는 디지털 교과서의 콘텐츠와 더불어 다양한 에듀테크 도구를 자료 연결하여 수업을 준비하고 이 자료들을 학급의 학생들의 디지털교과서에 동기화 시킬 수 있습니다. 또한 학습 학생들의 필기 결과를 실시간으로 확인할 수 있습니다.

1) 클래스 판서 자료 등록

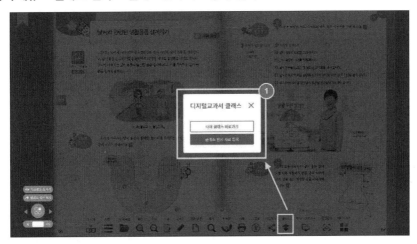

① **뷰어 메뉴 ≫ '클래스' 선택 ≫ '클래스 판서 자료 등록' 선택**

② **제목, 설명 기재 ≫ 클래스, 페이지 선택 ≫ '등록' 클릭**

2) 클래스 판서 동기화

① '디지털교과서 클래스' 선택 ≫ '학습' 선택 ≫ '자료' 선택

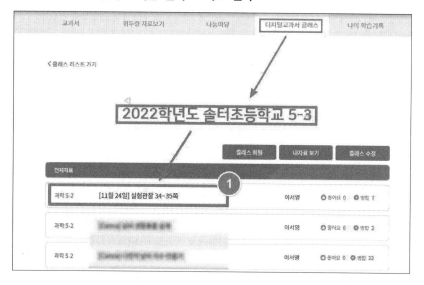

② '병합' 또는 '교체' 선택 ≫ '확인' 클릭

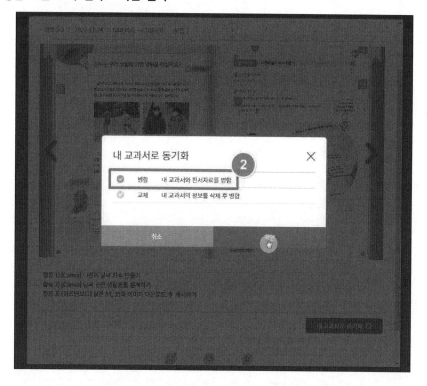

2. 실감형콘텐츠

실감형콘텐츠는 정보통신기술을 기반으로 실제와 유사한 경험을 제공하는 콘텐츠로 디지털교과서와 연계된 실감형콘텐츠로 제공되고 있습니다.

가. 앱 실감형콘텐츠

* 안드로이드와 iOS용 스마트 기기(태블릿, 스마트폰)에서만 가능합니다.

1) 구글플레이 스토어나 앱스토어에서 실감형콘텐츠 앱을 다운로드합니다.

2) 실감형콘텐츠 앱을 실행한 후 콘텐츠 범주를 선택하여 실행시킵니다.

디지털교과서
실감형 콘텐츠 app

나. 웹 실감형콘텐츠

안드로이드와 iOS용 스마트 기기(태블릿, 스마트폰)가 아닌 기기에서 활용할 수 있습니다. 안드로이드와 iOS용 스마트 기기(태블릿, 스마트폰) 기기에서도 앱 실행이 불안정하다면 웹 실감형콘텐츠로 활동을 권장합니다.

웹 실감형콘텐츠

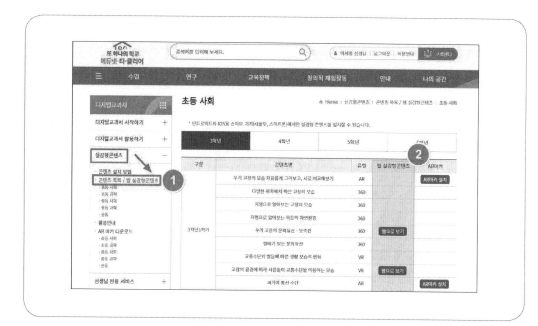

다. 실감형콘텐츠 안내서

실감형콘텐츠를 활용하여 유의미한 학습이 일어나기 위해서 활용 안내서를 다운로드해 학습에 활용하는 것을 권장합니다. 활용 방법과 활동에 필요한 학습지도 포함되어 있습니다.

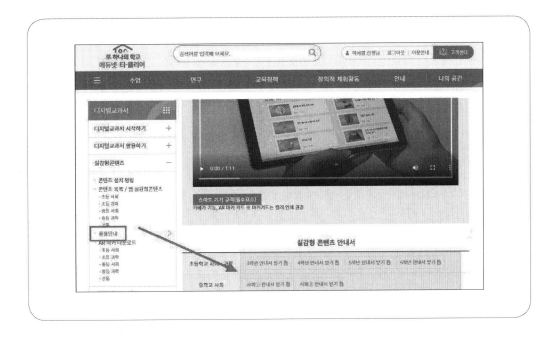

가. e학습터

전국 시·도 교육청이 함께 운영하는 공공학습관리시스템입니다. e학습터에서 교사는 온라인으로 체계적인 학생 관리와 함께 만드는 수업을 실현하고 학생은 다양한 학습자료를 사용하여 나만의 공부방을 만들고 궁금한 내용을 질문하고 피드백 받을 수 있습니다.

1) 강좌, 주제, 콘텐츠 등록

디지털교과서 '자료 연결' 기능에 e학습터의 다양한 자료를 연계하여 활용 가능합니다. 또한 디지털클래스에 e학습터에 개설된 학급과 연계하여 강좌, 주제, 콘텐츠를 등록할 수 있습니다. 학생들은 디지털교과서로 학습 과정에서 교사가 제시한 자료로 보충하여 학습하거나 학생 스스로 자율학습 콘텐츠를 선택하여 학습할 수 있습니다. 또한 잇다 컨텐츠 활용도 가능하여 유용합니다.

① '강좌 관리' 선택 ≫ '+강좌 추가 선택' 선택 ≫ 강좌명, 설명 등 입력

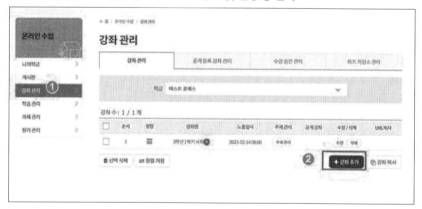

② '주제 추가' 선택 ≫ 해당 주제 등록

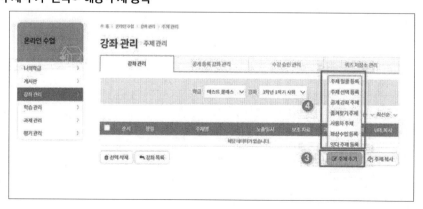

2) 온라인 평가

e학습터에서 제공하는 문항, 교사가 자체 제작한 문항으로 온라인 평가지를 생성할 수 있으며 학생은 자신의 성취도를 점검하고 재시험에 도전할 수 있습니다. 디지털교과서와 연계하여 학습 후 온라인 평가에도 유용하게 활용 가능합니다.

① '평가관리' ▶ '문제출제' ▶ '학급, 강좌' 선택 ▶ 출제하기 / '시험지 생성(자동, 수동)'
　 ▶ 목록 선택 ▶ 시험지 출제

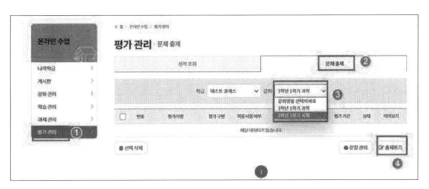

② '공유시험지' '내가 만든 시험지' 중 선택 ▶ '과목','학년 선택' ▶ '시험' 선택 혹은 검색 ▶
　 '자동 시험지 생성', '시험지 생성', '시험지 출제' 중 선택하여 평가 문항 등록

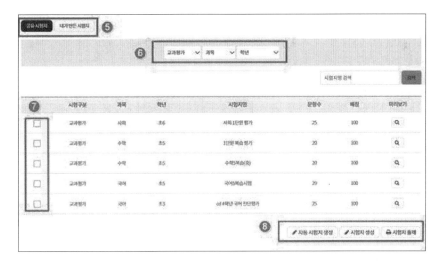

나. 위두랑(wedorang)

위두랑은 온라인상에서 학생들이 토의·토론 활동, 협업활동, 상호 피드백, 정보 탐색 활동 등을 통해 학습자의 핵심역량 향상을 도모하는 온라인 학습 기반 플랫폼입니다.

1) 디지털교과서 연결

디지털교과서 메뉴 하단의 위두랑을 선택 시 디지털교과서의 노트, 메모, 녹음 등을 위두랑 클래스의 소식, 모둠, 과제, 공유방 등으로 전송하여 연계 활용이 가능합니다. 또한 디지털교과서에서도 위두랑의 문서, 이미지, 동영상 등의 자료를 바로 확인 가능합니다.

① '디지털교과서 하단 메뉴' 선택 ＞ '위두랑' 선택

② '위두랑 바로 가기' '위두랑 앱 열기' 중 선택

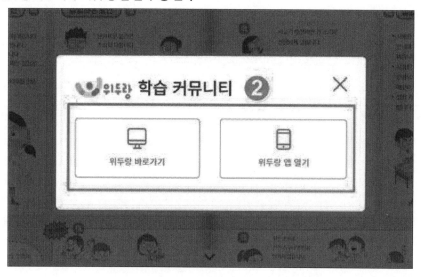

2) 포트폴리오

포트폴리오는 위두랑에 등록된 게시글과 과제를 PDF 파일로 변환해 주어 클래스 활동을 모아 과정중심평가 자료로 활용 가능합니다. 디지털교과서와 연계하여 과제를 제시하고 포트폴리오를 생성할 수 있습니다. 내가 만든 포트폴리오 탭에서는 생성된 포트폴리오를 다시 다운로드하거나 관리할 수 있습니다.

① '위두랑 '소식' '과제' ≫ 왼쪽 '메뉴 열기' 선택 ≫ '스크랩' 선택

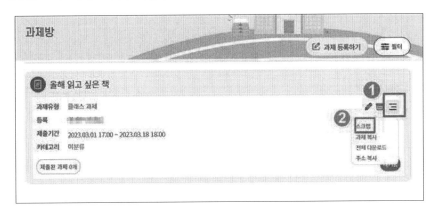

② '소식' 선택 ≫ '클래스 소식' 선택- '소식 PDF' 선택 ≫ '포트폴리오 제목', '작성자' '월별 게시글',
   '멤버 선택' 입력 및 선택 ≫ '포트폴리오 생성' 선택

3) 톡톡

위두랑 톡톡은 실시간 토론 도구로서 교사는 톡톡 대화방에서 그룹, 1대 1로 대화방을 개설하여 실시간 의사소통 및 토론을 할 수 있습니다. 이미지, 파일, 설문 첨부 기능을 활용하여 다양한 토론 도구로 활용이 가능합니다. 디지털교과서로 수업하며 토론이 필요할 경우 유용하게 활용할 수 있습니다.

① '톡톡' ≫ '클래스/모둠/1:1 대화' 중 선택 ≫ '+ 대화방 개설' 선택

② '대화방명', '멤버 추가 및 재구성', '이미지 등록' 입력 및 선택 ≫ '생성' 선택

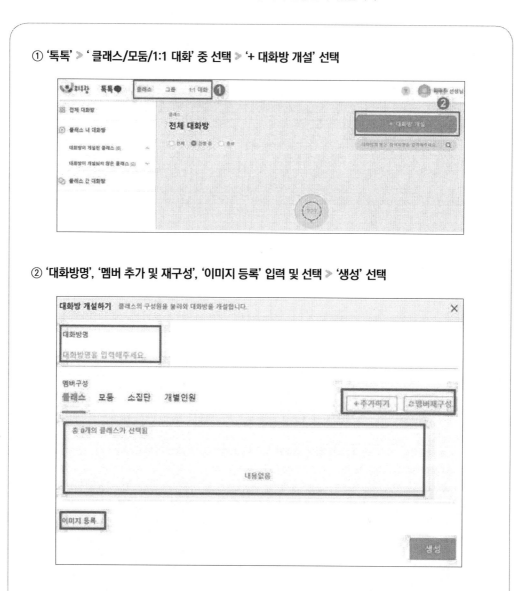

다. 잇다(ITDA)

잇다는 교사가 수업 자료 및 콘텐츠를 쉽게 수집하고 맞춤형 수업 제작과 더불어 다른 선생님들과 공유하며 소통할 수 있는 교원 전용 디지털콘텐츠 플랫폼입니다.

1) 간편한 온라인 수업 설계 및 꾸러미 만들기

잇다 플랫폼에서 제공하는 다양한 자료와 보관함에 담은 자료를 활용하여 학습과정을 설계하고 각 과정에 맞는 수업자료를 등록합니다. 꾸러미/문항/시험지 제작, 온라인 저작도구 등을 이용하여 원하는 대로 수업자료를 제작하고 제작된 자료를 동료 교사, 학생에게 공유할 수 있습니다.

① '전체 메뉴' ≫ '꾸러미 만들기' 선택

② '기본 정보' '교과목 선택' ≫ '차시 선택' ≫ '학습과정'에 적합한 학습활동을 '자료 검색' 또는 외부 URL 추가하기 선택 ≫ '과정에 저장' ≫ '저장'

2) 잇다 콘텐츠 – e학습터 강좌로 보내기

잇다에 접속해 수업자료로 활용할 꾸러미 URL을 복사합니다. e학습터에 접속해 학급 강좌에 '꾸러미 URL' 등록을 하여 간편하게 잇다와 e학습터를 연계하여 수업합니다.

① '(잇다)보관함' ≫ '꾸러미' ≫ '수업 URL' 생성 및 복사

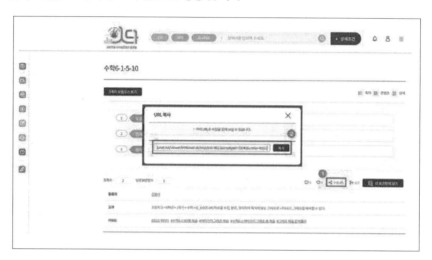

② '(e학습터)강좌관리' ≫ '주제 관리' ≫ '주제 추가' ≫ '잇다 주제 등록' ≫ 복사한 URL 붙여 넣기 등 잇다 꾸러미 등록

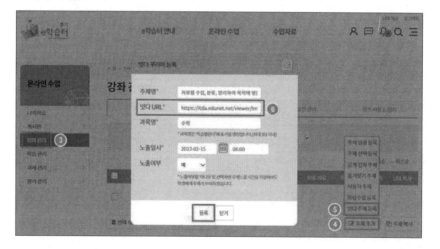

II
디지털교과서 유형별 사례

1. 디지털교과서
2. 실감형콘텐츠
3. 만들어가는 디지털교과서

디지털교과서

1. 디지털교과서

경기 가현초등학교 **박전**	적용학년	초3	적용교과	사회	적용도구	젭
경기 가현초등학교 **박전**	적용학년	초3	적용교과	과학	적용도구	띵커벨
경기 호수초등학교 **홍영택**	적용학년	초6	적용교과	과학	적용도구	유튜브
경기 고양오금초등학교 **황형준**	적용학년	초6	적용교과	사회	적용도구	퀴즈앤
경기 고양오금초등학교 **황형준**	적용학년	초6	적용교과	사회	적용도구	Google 어스

젭[ZEP]을 활용한 우리 고장의 이해

교사 **경기 가현초 박전**

✦ 에듀테크

» 주 활용 에듀테크: **디지털교과서**

» 연계 활용 에듀테크: **젭**[ZEP], **띵커벨**[ThinkerBell], **Google 어스**[Google Earth]

✦ 교수학습 단원 사회 3-2-1. 환경에 따른 다른 삶의 모습

✦ 에듀테크 활용 교수학습 개요

이 수업에서는 디지털교과서의 다양한 멀티미디어 자료를 학생 스스로 체험함으로써, 다양한 환경에서의 생활 모습을 살펴보고 환경의 차이에 따른 생활 모습을 알도록 합니다. 산, 들, 바다로 둘러싸인 고장의 특징을 먼저 알고, 우리 고장의 자연환경과 인문환경을 조사한 후 우리 고장의 특징을 파악합니다. 이러한 특성이 우리 고장 사람들의 생활 모습에 미치는 영향 중 여가 생활에 대해 탐색해 보고, 메타버스 공간인 젭[ZEP]을 통해 우리 고장에서 즐길 수 있는 여가 생활을 공유합니다.

✦ 에듀테크 활용 환경

» **대상**: 학년 (초 3), 학생 수 (28)

» **교실 인프라 환경**: 교사 (PC, TV), 학생 (갤럭시탭 28대)

✦ 에듀테크 활용 교수학습 과정

	세부활동	에듀테크 도구
1차시	● 활동 1. 자연환경에 대해 알아보기 ● 활동 2. 인문환경에 대해 알아보기 ● 평가 자연환경과 인문환경 구분하기	디지털교과서 띵커벨
2~5차시	● 활동 1. 산이 많은 고장의 모습 살펴보기 ● 활동 2. 들이 펼쳐진 고장의 모습 살펴보기 ● 활동 3. 바다가 있는 고장의 모습 살펴보기 ● 활동 4. 계절에 따른 생활 모습 살펴보기	디지털교과서
6~9차시	● 활동 1. 우리 고장의 환경 조사하기 ● 활동 2. 환경에 따른 우리 고장 사람들의 생활 모습 알아보기 ● 활동 3. 메타버스 공간에서 우리 고장의 환경을 이용한 여가 활동 계획 세우기 ● 평가 메타버스 공간에 나의 계획서 공유하기	디지털교과서 젭 Google 어스

✛ 에듀테크 활용 교수학습 설계

교과	사회	학년 학기	초등 3학년 1학기
차시	1~9차시	학생 수	28
단원	1. 환경에 따라 다른 삶의 모습		
배움 목표	· 우리 고장의 자연환경과 인문환경을 알고, 고장 환경에 따른 고장 사람들의 생활 모습을 탐색해 봅시다.		
성취기준	· [4사02-01] 우리 고장의 지리적 특성을 조사하고, 이것이 고장 사람들의 생활 모습에 미치는 영향을 탐구한다. · [4사02-02] 우리 고장과 다른 고장 사람들의 의식주 생활 모습을 비교하여, 환경의 차이에 따른 생활 모습의 다양성을 탐구한다.		

차시	주제	교수학습활동	자료 및 유의점
1차시	자연환경 알아보기	· 자연환경의 의미를 알아보고, 자연환경의 예 찾아보기	🔍 [디지털교과서]-[3-2 사회]
	인문환경 알아보기	· 인문환경의 의미를 알아보고, 인문환경의 예 찾아보기	
	자연환경과 인문환경 구분하기	· 우리 고장의 자연환경과 인문환경 찾아보기 · 자연환경과 인문환경 퀴즈로 내용 정리하기	🔍 [띵커벨]-[퀴즈] 📁 자료[띵커벨] · 해당 링크로 바로 접속하기 위해 띵커벨에 먼저 로그인하기
2~5 차시	산이 많은 고장의 모습 살펴보기	· 산이 많은 고장의 환경과 고장 사람들의 생활 모습 디지털교과서로 살펴보기 · 고장 사람들의 하는 일과 여가 생활 알아보기	🔍 [디지털교과서]-[3-2사회]-[11~13]
	들이 펼쳐진 고장의 모습 살펴보기	· 들이 펼쳐진 고장의 환경과 고장 사람들의 생활 모습 디지털교과서로 살펴보기 · 고장 사람들의 하는 일과 여가 생활 알아보기	🔍 [디지털교과서]-[3-2사회]-[14~17]
	바다가 있는 고장의 모습 살펴보기	· 바다가 있는 고장의 환경과 고장 사람들의 생활 모습 디지털교과서로 살펴보기 · 고장 사람들의 하는 일과 여가 생활 알아보기	🔍 [디지털교과서]-[3-2사회]-[18~21]

차시	주제	교수학습활동	자료 및 유의점
2~5 차시	계절에 따른 고장 사람들의 생활 모습 살펴보기	· 계절별 날씨 비교하기 · 계절에 따른 고장 사람들의 생활 모습 살펴보기	🔍 [디지털교과서]-[3-2사회]-[22~24]
6~9 차시	우리 고장의 환경 조사하기	· Google 어스를 활용하여 우리 고장의 환경 살펴보기 · 우리 고장의 자연환경과 인문환경 찾아보기	🔍 [Google 어스] · 구글어스를 통해 자연환경과 인문환경을 자유롭게 경험할 수 있도록 하기 · 네이버 지도 또는 카카오 지도 등도 활용할 수 있음을 안내하기
	환경에 따른 우리 고장 사람들의 모습 살펴보기	· 메타버스 공간에서 우리 고장 탐색하기 · 우리 고장 사람들의 생활 모습과 여가 생활 알아보기	🔍 [젭] 📁 자료[젭] · 시청 누리집의 관광 안내지도를 메타버스 도구의 맵으로 활용하여 여가 생활 위주로 살펴보도록 하기
	환경을 고려한 여가 활동 계획 세우기	· 우리 고장의 환경을 고려한 여가 활동 계획 세우기 · 디지털교과서의 기능을 활용하여 여가 활동 계획서 작성하기	🔍 [디지털교과서]-[3-2사회]-[30] · 디지털교과서의 펜쓰기, 캡처하기 기능을 안내하기
	메타버스 공간에서 여가 활동 계획서 공유하기	· 디지털교과서의 기능을 활용하여 자신의 계획서 캡처한 후 저장하기 · 캡처한 이미지를 메타버스 공간에 게시하기 · 공유한 계획서를 살펴본 후 의견 나누기	· 젭의 미디어 추가하기 기능을 안내하기 · 완성한 여가 계획서를 메타버스 공간에 공유한 후 서로의 게시물을 확인할 수 있도록 활동 시간을 충분히 확보하기

✛ 에듀테크 활용 교수학습 평가 계획

차시	교수학습활동	평가내용	평가 방법
1차시	활동 1. 자연환경에 대해 알아보기 활동 2. 인문환경에 대해 알아보기 활동 3. 자연환경과 인문환경 구분하기	· 자연환경과 인문환경 구분하기 · 자연환경과 인문환경의 의미를 예를 들어 설명하기 · [띵커벨]-[퀴즈]로 배운 내용 확인 및 정리하기	구술평가 서술형 평가
6~9 차시	활동 1. 우리 고장의 환경 조사하기 활동 2. 환경에 따른 우리 고장 사람들의 생활 모습 알아보기 활동 3. 메타버스 공간에서 우리 고장의 환경을 이용한 여가 활동 계획 세우기 및 공유하기	· 우리 고장의 환경을 고려한 여가 활동 계획서 작성하기 · 여가 활동 계획서를 디지털교과서에 작성하기 · 완성한 여가 활동 계획서를 [젭] 공간에 게시하기 · 공유한 게시물을 보고 의견 나누기	관찰평가 상호평가

✛ 에듀테크 활용 방법

1) 띵커벨

　띵커벨은 퀴즈, 보드, 토의 등에 활용할 수 있는 무료 학습 도구입니다. 다른 선생님들께서 만들어 놓은 자료를 라이브러리에서 선택하여 바로 수업에 사용할 수도 있으며, 직접 선생님들의 자료를 만들어 사용할 수도 있습니다. 만든 퀴즈는 학생들의 가입 없이 링크, QR 등으로 공유 가능하고, 과제로도 제시할 수 있습니다. 이번 수업에서는 퀴즈를 디지털교과서를 통해 링크를 공유하였으며, 퀴즈 결과를 평가 자료로 활용하였습니다.

| [띵커벨]-[만들기] 퀴즈 만들기 | 퀴즈 공유하기 | 공유 시 학생 화면 |

2) 디지털교과서

디지털교과서 클래스 기능이 올해 업데이트되었습니다. 디지털교과서 클래스를 개설하여 해당 학급의 학생들을 가입시킬 수 있으며, 클래스 학생들에게 자료를 공유해 줄 수 있습니다. 클래스의 학생들은 내 교과서로 동기화 버튼을 눌러 업로드된 자료를 자신의 교과서에 병합하거나 교체할 수 있습니다.

[디지털교과서]-[디지털교과서 클래스]
학급 개설하여 내 자료 등록하기

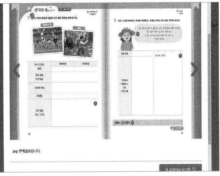

[나의 클래스 바로 가기]-[자료보기] 내 교과서로
동기화 기능으로 교과서 병합하기

3) 젭

시청 누리집의 관광 안내도를 활용하여 메타버스 공간에서 우리 고장의 자연환경과 인문환경을 살펴보도록 하였습니다. 디지털교과서에서 젭으로, 젭에서 디지털교과서로 이동할 수 있도록 하여 젭에서 우리 고장의 환경을 살펴본 후, 디지털교과서에서 여가 계획서를 세우고, 캡처한 화면을 메타버스 공간에 공유하도록 하였습니다.

[젭] **디지털교과서와 연계하기**

[젭] **우리 고장의 환경 탐색하기**

투닝을 활용한 흙 보존 홍보물 만들기

교사 **경기 가현초 박전**

✛ 에듀테크

 ≫ 주 활용 에듀테크: **디지털교과서, 실감형콘텐츠**
 ≫ 연계 활용 에듀테크: **투닝**[Tooning], **띵커벨**[ThinkerBell]

✛ 교수학습 단원 과학 3-2-2. 지표의 변화

✛ 에듀테크 활용 교수학습 개요

> 이 단원은 지표에 대한 단원으로 모형실험을 바탕으로 구성되어 있습니다. 모형실험 대신 디지털교과서의 다양한 멀티미디어 자료 및 실감형콘텐츠를 활용하여 한층 더 이해도 높고, 체험 중심의 수업을 운영할 수 있습니다. 지표의 중요성을 알고 지표 보존 방법을 토의한 후, 투닝[Tooning]을 활용하여 홍보 포스터를 제작하여 공유하여 의견을 나누어 보는 것으로 단원을 정리하였습니다.

✛ 에듀테크 활용 환경

 ≫ **대상**: 학년 (초 3), 학생 수 (28)
 ≫ **교실 인프라 환경**: 교사 (PC, TV), 학생 (갤럭시탭 28대)

✛ 에듀테크 활용 교수학습 과정

	세부활동	에듀테크 도구
1~3차시	● 활동 1. 운동장 흙과 화단 흙의 관찰하기 ● 활동 2. 운동장 흙과 화단 흙의 특징 알아보기 ● 활동 3. 흙이 만들어지는 과정 알아보기 ● 평가 운동장 흙과 하단 흙의 특징 비교하기	디지털교과서
4~6차시	● 활동 1. 흐르는 물에 의한 지표의 변화 알아보기 ● 활동 2. 강 주변 지형 알아보기 ● 활동 3. 바닷가 주변 지형 알아보기	디지털교과서
7~10차시	● 활동 1. 흙의 소중함 알고 보존 방법 토론하기 ● 활동 2. 흙 보존 캠페인 자료 만들기 ● 활동 3. 단원 정리하기 ● 평가 흙 보존을 위한 홍보자료 만들어 게시하기	투닝 띵커벨

교과	과학	학년 학기	초등 3학년 2학기
차시	1~10차시	학생 수	28
단원	2. 지표의 변화		
배움 목표	· 지형에 대한 특징을 알고, 지표를 보존하기 위한 홍보자료를 만들어봅시다.		
성취기준	· [4사04-01] 여러 장소의 흙을 관찰하여 비교할 수 있다. · [4사04-02] 흙의 생성 과정을 모형을 통해 설명할 수 있다. · [4사04-03] 강과 바닷가 주변 지형의 특징을 흐르는 물과 바닷물의 작용과 관련지을 수 있다.		

차시	주제	교수학습활동	자료 및 유의점
1~3 차시	장소에 따른 흙 관찰하기	· 사진 자료를 통해 장소에 따른 흙의 특징 조사하기 · 운동장 흙과 화단 흙 관찰하기	🔍 [디지털교과서]-[3-2과학]-[48~49]
	장소에 따른 흙의 특징 알아보기	· 운동장 흙과 화단 흙의 물 빠짐 정도 비교하기 · 운동장 흙과 화단 흙의 부식물 양 관찰하기	🔍 [디지털교과서]-[3-2과학]-[50~51]
	흙이 만들어지는 과정 탐색하기	· 흙이 만들어지는 과정 가상실험실로 실험하기 · 자연에서 흙이 만들어지는 과정 이해하기	📁 자료[디지털교과서]-[3-2과학]- [52~53]-[가상실험실] [QR 코드]
4~6 차시	흐르는 물에 의한 지표의 변화 알아보기	· 계곡의 바위 모습 살펴보기 · 가상실험실로 흙 언덕에 무를 흘려보내고 변화된 모습 관찰하기 · 흐르는 물이 어떻게 지표의 모습을 변화시키는지 설명하기	📁 자료[디지털교과서]-[3-2 과학]- [54~55]-[가상실험실] [QR 코드]
	강 주변의 지형 알아보기	· VR, 360도 실감형콘텐츠를 활용하여 강 주변 지형의 모습 살펴보기 · 강 주변 지형의 모습 조사하기 · 강 주변 지형의 모습을 관찰하고, 그 특징을 흐르는 물의 작용과 관련지어 설명하기	🔍 [디지털교과서]-[3-2 과학]-[56~57] 📁 자료[디지털교과서]-[57쪽]-[360도 둘러보기] [QR 코드]

차시	주제	교수학습활동	자료 및 유의점
4~6 차시			📁 자료[디지털교과서]–[실감형콘텐츠]–[강 주변의 지형] · 실감형콘텐츠를 활용하기 위해 앱 내려받기
	바닷가 주변의 지형 알아보기	· 바닷가 주변 지형의 모습 살펴보기 · 바닷가 주변 지형의 모습을 관찰하고 특징 알아보기 · 바닷가에서 볼 수 있는 여러 지형을 관찰하고, 바닷물의 작용으로 설명하기	🔎 [디지털교과서]–[3~2 과학]–[58~59] 📁 자료[디지털교과서]–[59쪽]–[360도 둘러보기] 📁 자료[디지털교과서]–[실감형콘텐츠]–[바닷가 주변의 지형]
7~10 차시	흙의 소중함을 알고 보존 방법 토론하기	· 흙의 소중함 알아보기 · 흙이 중요한 까닭 알아보기 · 흙이 훼손되는 상황 알아보기 · 등산로의 흙을 보존하는 방법 생각해 보기	🔎 [디지털교과서]–[3~2 과학]–[60~63] · 시청 누리집의 관광 안내지도를 메타버스 도구의 맵으로 활용하여 여가 생활 위주로 살펴보도록 하기
	흙 보존 캠페인 자료 만들기	· 홍보자료 구상하기 · 투닝으로 홍보자료 제작하기	🔎 [투닝] · 투닝의 사용방법을 사전 지도하거나 탐색할 수 있는 시간을 충분하게 확보하기 · 웨일 스페이스 계정으로 학생 로그인하여 사용하기
	홍보자료 공유하기	· 제작한 자료를 띵커벨 보드에 업로드하기 · 공유한 홍보물을 살펴본 후 의견 나누기	🔎 [띵커벨]–[보드] · 서로의 게시물을 확인할 수 있도록 활동 시간을 충분히 확보하기
	단원 정리하기	· 한 번에 정리하기 · 스스로 평가하기 · 놀이로 마무리하기	

✛ 에듀테크 활용 교수학습 평가 계획

차시	교수학습활동	평가내용	평가 방법
1~3 차시	활동 1. 운동장 흙, 화단 흙의 관찰하기 활동 2. 운동장 흙과 화단 흙의 특징 알아보기 활동 3. 흙이 만들어지는 과정 알아보기 평가 운동장 흙과 하단 흙의 특징 비교하기	·운동장 흙과 하단 흙의 특징 비교하기 · 운동장 흙과 하단 흙의 색깔, 알갱이의 크기 비교하기 · 운동장 흙과 하단 흙의 물 빠짐, 부유물 비교하기	서술형 평가
7~10 차시	활동 1. 흙의 소중함 알고 보존 방법 토론하기 활동 2. 흙 보존 캠페인 자료 만들기 활동 3. 단원 정리하기 평가 흙 보존을 위한 홍보자료 만들어 게시하기	·흙 보존을 위한 홍보자료 만들어 게시하기 · [투닝]으로 홍보자료 제작하기 · [띵커벨]~[보드]에 제작한 결과물 게시하기 · 공유한 게시물을 보고 의견 나누기	관찰평가 상호평가

✛ 에듀테크 활용 방법

1) 실감형콘텐츠

　　3~4학년 과학 교과서가 검정으로 변경되면서 교과서 별로 다양한 콘텐츠가 추가되었습니다. 아이스크림 교과서의 과학 교과에는 가상실험실이 포함되어 있어, 실제로 하기 힘든 실험을 실습해 볼 수 있습니다. 실험 과정을 영상으로 보는 것이 아니라 단계별로 직접 조작해 볼 수 있고, 조작에 의한 결과를 확인할 수 있어 수업에 유용하게 활용할 수 있습니다.

가상실험실 콘텐츠 확인하기

[가상실험실] 흙 언덕 모습 변화 관찰하기

[가상실험실] 흙이 만들어지는 과정 관찰하기

띵커벨에서는 타일형, 그룹형, 격자형 등 보드를 다양하게 생성할 수 있습니다. 생성한 보드에 학생들이 제작한 결과물을 게시할 수 있으며, 게시할 때 교사가 승인한 후 다른 학생들에게 공개하도록 설정할 수 있습니다. 또한 댓글이나 반응 기능을 활용하여 다른 친구들의 게시물을 보고 의견을 나눌 수 있습니다.

보드 생성하기   [띵커벨] 수업 결과물 게시하기

투닝은 인공지능 에듀테크로 손쉽게 웹툰을 그릴 수 있는 플랫폼입니다. 교사는 교사 인증을 통해 무료로 pro 버전을 사용할 수 있으며, 학생들도 웨일 스페이스 계정으로 로그인하여 사용할 수 있습니다. 문장으로 그림을 그릴 수도 있으며, 기본으로 제공하는 캐릭터, 배경 등을 활용하여 멋진 홍보자료를 제작할 수 있습니다.

[투닝] 교육용 계정 신청하기

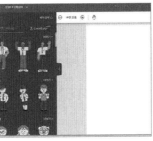

[투닝] 제작하기 화면

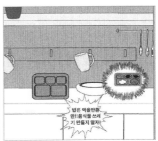

[투닝] 투닝으로 만든 결과물

디지털교과서를 활용한 과학 단원 정리

교사 **경기 호수초 홍영택**

+ 에듀테크
  » 주 활용 에듀테크: **유튜브 [YouTube] 연계**
  » 연계 활용 에듀테크: **웨일 스페이스**[Whalespace], **퀴즈앤**[QuizN], **띵커벨**[ThinkerBell] **활용 가능**

+ **교수학습 단원** 과학 6-1-3. 여러 가지 기체, 과학 6-1-5. 빛과 렌즈

+ 에듀테크 활용 교수학습 개요

이 수업에서는 디지털교과서와 교사가 직접 준비한 유튜브 영상을 연결하여 활용함으로써 학생 중심의 수업을 구성하였습니다. 1인 1기기로 학생은 자신의 웨일북을 통해 디지털교과서 – 클래스에 접속하고, 교사가 미리 제작한 디지털교과서 페이지를 동기화합니다. 이후 연결된 영상을 통해 스스로 학습하고, 해당 단원의 핵심 내용을 스스로 정리하며 자기관리 역량을 길러주는 데 초점을 맞췄습니다. 이때, 교사는 순회지도를 통해서 부족한 학생들을 지도하고, 정리가 끝난 학생들과는 질의응답을 통해서 공부한 내용에 관한 확인과 보충학습할 부분을 확인합니다.

+ 에듀테크 활용 환경
  » **대상**: 학년 (초 6), 학생 수 (28)
  » **교실 인프라 환경**: 교사 (웨일북, TV, PC), 학생 (웨일북 28대)

+ 에듀테크 활용 교수학습 과정

	세부활동	에듀테크 도구
3단원 (정리 차시) **5단원** (정리 차시)	● 활동 1. 디지털교과서 자료 연결을 확인하고, 단원 정리 영상 학습하기 ● 활동 2. 영상을 참고하여, 스스로 단원 정리 활동하기 ● 활동 3. 핵심정리 내용 학습하고, 선생님과 질의응답 하기 ● 평가 관찰평가, 구술평가(서술형 평가 대체 가능)	디지털교과서 유튜브 웨일 스페이스 퀴즈앤 띵커벨 활용 가능

✛ 에듀테크 활용 교수학습 설계

교과	과학	학년 학기	초등 6학년 1학기
차시	단원별 각 1차시(총 2차시)	학생 수	28
단원	3. 여러 가지 기체, 5. 빛과 렌즈		
배움 목표	· 디지털교과서 속 영상을 보고, 스스로 단원 핵심 내용을 정리해봅시다.		
성취기준	· [6과10-01] 산소, 이산화탄소를 실험을 통해 발생시키고 성질을 확인 한 후, 각 기체의 성질을 설명할 수 있다. · [6과10-02] 온도와 압력에 따라 기체의 부피가 달라지는 현상을 관찰 하고, 일상생활에서 이와 관련된 사례를 찾을 수 있다. · [6과10-03] 공기를 이루는 여러 가지 기체를 조사하여 발표할 수 있다. · [6과11-01] 햇빛이 프리즘에서 다양한 색으로 나타나는 현상을 관찰 하여, 햇빛이 여러 가지 색의 빛으로 되어 있음을 설명할 수 있다. · [6과11-02] 빛이 유리나 물, 볼록 렌즈를 통과하면서 굴절되는 현상을 관찰하고 관찰한 내용을 그림으로 표현할 수 있다. · [6과11-03] 볼록 렌즈를 이용하여 물체의 모습을 관찰하고 볼록 렌즈의 쓰임새를 조사할 수 있다.		

차시	주제	교수학습활동	자료 및 유의점
3단원 (정리 차시)	스스로 단원 정리하기	· 디지털교과서 – 클래스 활용하여 교사의 디지털교과서 정리페이지 동기화하기	🔍 [디지털교과서]-[클래스] · 디지털교과서 – 클래스 기능을 활용하여 교사가 제작한 디지털교과서 사본을 학생 개개인 기기로 동기화하기 · 웨일 스페이스 수업관리 등을 활용하면 학생 1인 1기기 관리 및 감독이 용이
		· 디지털교과서 – 유튜브 자료 연결을 확인하고 교사가 정리한 단원 정리 영상 시청하기	🔍 [디지털교과서]-[자료 연결]-[유튜브] · 디지털교과서와 유튜브 자료 연결 기능으로 교사가 직접 제작하거나 준비한 영상을 학생 스스로 확인하고 학습하기
5단원 (정리 차시)		· 디지털교과서에 정리한 내용을 스스로 공부하고 핵심 내용 정리하기	· 디지털교과서를 활용하여 스스로 학습하여 자기관리 역량을 기를 수 있는가?
		· 디지털교과서에 정리한 내용을 공부하여 선생님과 질의응답하기	🔍 [퀴즈앤 / 띵커벨]-[문제풀이] · 스스로 정리하고 학습한 내용을 바탕으로 교사와 질의응답, 구술형 평가 실시하기 · 퀴즈앤, 띵커벨 등 다양한 문제풀이 도구를 활용해도 좋음 · 디지털교과서를 활용하여 스스로 학습하기

✛ 에듀테크 활용 교수학습 평가 계획

차시	교수학습활동	평가내용	평가 방법
3단원 (정리 차시)	활동 1. 디지털교과서 자료 연결을 확인하고, 단원 정리 영상 학습하기 활동 2. 영상을 참고하여, 스스로 단원 정리 활동하기	· 디지털교과서를 활용하여 스스로 학습하기 · [디지털교과서]-[자료 연결]을 통해 학습할 영상을 확인하고 스스로 학습하기 · 스스로 정리한 페이지를 [디지털교과서]-[클래스 기능]을 통해 제출 및 공유하기	관찰평가 구술평가 (서술형평가 대체 가능)
5단원 (정리 차시)	활동 3. 핵심정리 내용 학습하고, 선생님과 질의응답하기	· 핵심정리 내용 질의응답하기 · [퀴즈앤] / [띵커벨] 등 문제 도구를 활용하여 서술형평가로 대체 가능 · 핵심 내용에 대해서 교사는 질의응답을 실시하고, 학습에 대한 확인과 보충이 필요한 부분을 제시	

✛ 에듀테크 활용 방법

1) 디지털교과서

  디지털교과서 – 클래스 기능을 활용하여 단원 정리 차시에 적용함으로써, 학생들의 자기관리 역량과 지식정보처리 역량이 향상됩니다. 교사는 수업 전 자신의 디지털교과서에 다양한 자료를 연결하고, 하이라이트, 메모, 필기 등을 활용하여 수업자료를 제작합니다. 이후 클래스에 업로드하면, 학생들은 스스로 기기를 준비하고 교사의 자료를 동기화하여 수업에 참여합니다.

[디지털교과서]-[클래스]-[내 교과서로 동기화]
선생님 교과서 동기화하기

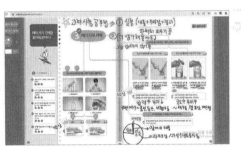

[디지털교과서]-[필기] **다양한 방법으로 교과서 필기하기**

디지털교과서 – 자료 연결 기능은 디지털교과서를 활용한 수업에서 핵심 부분입니다. 해당 기능을 활용하여 다양한 에듀테크와 연결이 가능하고, 이는 학생들의 능동적인 수업 참여 및 집중력 향상에 도움이 됩니다. 그중 교사가 직접 제작한 영상 자료, 선정한 유튜브 자료를 연결시켜 활용했습니다. 학생들은 자신의 속도에 따라 이해가 되지 않는 부분은 일시정지를 하거나 다시 보기 학습을 진행합니다. 또한 배운 내용을 토대로 자신만의 디지털교과서에 핵심 내용 정리를 하며 학습합니다.

[디지털교과서]–[자료연결]–[유튜브]
연결된 유튜브 링크 접속하기

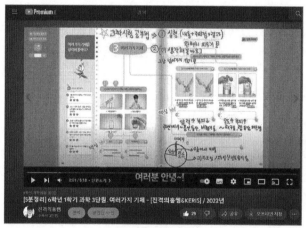

[유튜브]
연결된 자료 확인하고 학습하기

퀴즈앤[QuizN] 보드를 활용한 영화 수업

교사 **경기 고양오금초 황형준**

✛ 에듀테크

» 주 활용 에듀테크: **퀴즈앤**[QuizN]

» 연계 활용 에듀테크: **Google 프레젠테이션**[Google Slides], **Google 어스**[Google Earth], **디지털교과서**

✛ 교수학습 단원 사회 6-2-2. 세계 여러 나라의 자연과 문화

✛ 에듀테크 활용 교수학습 개요

퀴즈앤에는 보드, 퀴즈쇼, 인터액티브 비디오 기능 등이 있습니다. 이 수업에서는 퀴즈앤 보드를 활용하여, 영화 수업을 진행합니다. 영화 시청 전에 질문을 통해 사고를 확장하고 영화를 본 후 느낀 점을 공유합니다. 이러한 학생들의 의견은 퀴즈앤 보드에 작성합니다. 학생들은 다른 학생들의 글을 읽고 댓글을 달 수 있습니다.

✛ 에듀테크 활용 환경

» **대상**: 학년 (초 6), 학생 수 (23)

» **교실 인프라 환경**: 교사 (PC, TV), 학생 (크롬북 23대)

✛ 에듀테크 활용 교수학습 과정

	세부활동	에듀테크 도구
1~2차시	● 활동 1. 가족에 대하여 생각해 보기 ● 활동 2. Google 어스와 관련된 영화 감상하기 ● 활동 3. 디지털 영상 자료의 장점 말하기	퀴즈앤 보드 Google 프레젠테이션 디지털교과서
3~4차시	● 활동 1. 위도와 경도 알아보기 ● 활동 2. 내가 가고 싶은 장소 찾아보기 ● 활동 3. Google 어스에서 찾아보기	Google 어스

+ 에듀테크 활용 교수학습 설계

교과	사회	학년 학기	초등 6학년 2학기
차시	1~4차시	학생 수	23
단원		1. 세계 여러 나라의 자연과 문화	
배움 목표	· 디지털 영상 자료의 특징을 알아봅시다.		
성취기준	· [6사07-02] 여러 시각 및 공간 자료를 활용하여 세계 주요 대륙과 대양의 위치 및 범위, 대륙별 주요 나라의 위치와 영토의 특징을 탐색한다. · [6사07-04] 의식주 생활에 특색이 있는 나라나 지역의 사례를 조사하고, 이를 바탕으로 하여 인간 생활에 영향을 미치는 여러 자연적·인문적 요인을 탐구한다.		

차시	주제	교수학습활동	자료 및 유의점
1~2 차시	가족에 대하여 생각해 보고, 가족에 대한 질문에 답하기	· 가족과 관련된 여러 질문에 대답하기 · 사전 질문의 다음과 같다. 가난을 경험한 것 있나요? 가난은 어떤 것일까요? 길을 잃어버려서 한참 헤매 었던 적이 있나요? 이 세상에 가족 없이 나 혼자 살아야 한다면 어떤 느낌일까요? 입양은 무엇인가요?	🔍 [퀴즈앤]-[Board]-[그룹형] · 실과 수업 연계 · 학생들이 친구들의 답을 보면서 서로 반응하고, 댓글을 달도록 안내
	영화 수업 활동	· 영상 중간에 영화 내용에 대한 퀴즈 해결하기 · 입양, 가족과 관련된 스토리를 시청한 후 자신의 느낀 점 작성하기	📁 자료[Google 프레젠테이션] [QR 코드] · 부적절한 장면이 있다면 Google 프레젠테이션 동영상 시간 조정으로 편집하기
	디지털 영상 자료의 특징 말하기	· 위성 영상이나 항공 사진 등을 바탕으로 스마트폰, 컴퓨터 등 다양한 기기에서 이용할 수 있도록 디지털 정보로 표현된 지도임. · 종이 지도, 지구본과 달리 확대와 축소가 자유롭고, 다양한 정보가 연결되어 있음. · 세계 여러 나라나 장소와 관련된 정보를 편리하게 찾을 수 있음.	🔍 [디지털교과서]-[6-2사회]-[34~35]

차시	주제	교수학습활동	자료 및 유의점
3~4 차시	위도와 경도 알아보기	· 위선은 가로로 그은 선으로, 위도를 나타내기 · 경선은 세로로 그은 선으로, 경도를 나타내기 · 적도는 지구의 위도를 결정하는 데 기준이 되는 위도 0˚선이며, 적도를 기준으로 북쪽의 위도를 북위, 남쪽의 위도를 남위라고 함. · 본초 자오선은 지구의 경도를 결정하는 데 기준이 되는 경도 0˚선이다. 본초 자오선을 기준으로 동쪽의 경도를 동경, 서쪽의 경도를 서경이라고 함.	🔍 [Google 어스] · 교과서 내용을 확인한 후에 퀴즈앤 쇼를 활용하여 배운 내용을 확인
	내가 가고 싶은 장소	· 퀴즈앤 보드 클라우드 또는 허니콤 보드를 통해 학생들이 가고 싶은 곳을 쓰고, 그렇게 쓴 이유는 친구들과 이야기함.	🔍 [퀴즈앤]-[Board]
	Google 어스에서 장소 탐색하기	· Google 어스 장소 탐색하는 법 이해하기 · Google 어스에 입장하고, 돋보기를 클릭하여 장소 이름을 입력함. · Google 어스의 오른쪽 하단에 있는 숫자의 의미 이해하기(위도와 경도)	🔍 [Google 어스]

+ 에듀테크 활용 교수학습 평가 계획

차시	교수학습활동	평가내용	평가 방법
1~2 차시	활동 1. 가족에 대하여 생각해 보기 활동 2. Google 어스에 관련된 영화 감상하기 활동 3. 디지털 영상 자료의 장점 말하기	· 디지털 영상 자료의 특징 말하기 · 지구본, 세계지도와 다른 디지털 영상 · 자료의 특징을 [Google 설문지]로 표현하기	보고서 체크리스트
3~4 차시	활동 1. 위도와 경도 알아보기 활동 2. 내가 가고 싶은 장소 활동 3. Google 어스에서 찾아보기	· 주어진 위도와 경도로 나라의 위치를 알기 · Google 어스에서 경도와 위도 알기 · Google 어스에서 장소 탐색하는 법을 [퀴즈앤]-[보드]에 작성하기 · 게시한 내용 발표하기	산출물 상호평가 관찰평가

1) 퀴즈앤

퀴즈앤 보드를 그룹형으로 만들고, 크롬북을 통하여 그 보드에 학생들이 입장합니다. 학생들이 보드에 표현된 질문에 답을 합니다. 그리고 서로 댓글을 달 수 있습니다.

[퀴즈앤]-[보드] 영화 이야기에 대한 질문

2) 디지털교과서 (6학년 2학기 사회 34쪽과 35쪽)

디지털교과서에 포함되어 있는 동영상을 함께 시청하고, 마무리 문제를 함께 풀어봅니다. 교과 주제의 학습 목표를 달성하기 위해 크롬북을 활용하여 학습하도록 합니다.

[디지털교과서]-[6-2-사회]-[34쪽]

[디지털교과서]-[6-2-사회]-[35쪽]

Google 어스[Google Earth]를 활용한 세계여행

교사 **경기 고양오금초 황형준**

✛ 에듀테크

 》 주 활용 에듀테크: **Google 어스**[Google Earth]
 》 연계 활용 에듀테크: **Google 프레젠테이션**[Google Slides], **디지털교과서, 퀴즈앤**[QuizN]

✛ 교수학습 단원 사회 6-2-1. 세계 여러 나라의 자연과 문화

✛ 에듀테크 활용 교수학습 개요

Google 어스는 여러 나라에 대한 지도 정보를 나타낸 디지털 영상지도입니다. Google 어스 메뉴 중 하나인 프로젝트를 생성한 후 학생들이 장소를 검색하여 Google 프레젠테이션을 연결하였습니다. 학생들이 제작한 Google 프레젠테이션 자료를 발표하면서 상호평가했습니다. Google 어스 보이저 게임과 퀴즈앤의 세계 랜드마크 여행 방 탈출 게임을 하였습니다.

✛ 에듀테크 활용 환경

 》 **대상**: 학년 (초 6), 학생 수 (23)
 》 **교실 인프라 환경**: 교사 (PC, TV), 학생 (크롬북 23대)

✛ 에듀테크 활용 교수학습 과정

	세부활동	에듀테크 도구
1~3차시	● 활동 1. 우리 가족이 가고 싶은 세계 랜드마크 조사 활동을 위한 Google 프레젠테이션 기능 이해하기 ● 활동 2. Google 어스 프로젝트 ● 활동 3. 가족 여행 장소 발표 자료 제작하기	Google 프레젠테이션 디지털교과서
4~6차시	● 활동 1. 제작한 슬라이드 발표하기 ● 활동 2. 세계 랜드마크 보이저 게임 ● 활동 3. 세계 랜드마크 가족 여행 방탈출 게임	Google 어스 퀴즈앤

교과	사회	학년 학기	초등 6학년 2학기
차시	1~6차시	학생 수	23
단원	1. 세계 여러 나라의 자연과 문화		
배움 목표	· 디지털 영상 지도를 활용하여 세계 여러 나라를 소개해 봅시다.		
성취기준	· [6사07-02] 여러 시각 및 공간 자료를 활용하여 세계 주요 대륙과 대양의 위치 및 범위, 대륙별 주요 나라의 위치와 영토의 특징을 탐색한다. · [6사07-04] 의식주 생활에 특색이 있는 나라나 지역의 사례를 조사하고, 이를 바탕으로 하여 인간 생활에 영향을 미치는 여러 자연적·인문적 요인을 탐구한다.		

차시	주제	교수학습활동	자료 및 유의점
1~3 차시	우리 가족이 가고 싶은 세계 랜드마크 조사 활동을 위한 Google 프레젠테이션 기능 이해하기	· Google 프레젠테이션 기능 익히기: 이미지 마스킹, 웹 게시, 글꼴 추가, 레이아웃 변경, 배경 이미지 제거, 테마 변경 · 개인 조사 활동에서 Google 프레젠테이션 기능 적용하기 · 발표 주제와 관련된 슬라이드 자료를 만들기 위해 자료 검색하기	🔍 [Google 클래스룸] 🔍 [Google 프레젠테이션] · 교사는 Google 클래스룸에서 슬라이드 과제로 제시하고 학생은 클래스룸에서 자신의 과제 수행하기
	Google 어스 프로젝트	· Google 프레젠테이션의 웹 게시를 통해 Google 어스 프로젝트와 연결하기 · Google 어스 프로젝트에서 자신이 선택한 장소를 슬라이드와 연결할 수 있는가?	🔍 [Google 어스] · 학생들이 교사가 만든 슬라이드 자료를 보고 크롬북에서 작업함. · Google 어스 프로젝트 참여방법 (학생편) 📁 자료[Google 프레젠테이션] [QR 코드]
	가족 여행 장소 발표 자료 제작하기	· 인터넷 검색, 에듀테크 도구를 활용하여 발표 자료 만들기 (컴퓨터실 또는 크롬북 활용) · 기준표에 맞추어 발표 자료를 창의적으로 제작할 수 있는가?	🔍 [Google 프레젠테이션] · 기능 활용에 어려움이 있다면 모둠별로 협력하거나 교사에게 도움을 요청함.
4~6 차시	제작한 슬라이드를 가지고 발표하기 (상호평가)	· 완성한 발표 자료를 가지고 발표하기 · 친구들의 작품을 객관적으로 평가하는가? 친구들이 발표할 때 경청하는가?	🔍 [Google 어스]-[프로젝트] · 학생들이 Google 어스 프로젝트에 들어가서 다른 친구들의 작품들을 보며 평가함.

차시	주제	교수학습활동	자료 및 유의점
4~6 차시	세계 랜드마크 보이저 게임	· 애니메이션 속 주인공이 되어 단서들을 모아 범인 추적하기 · 규칙을 지켜 주어진 과제에 올바르게 참여하는가?	🔍 [Google 어스]-[보이저]-[게임]
	세계 랜드마크 가족 여행 방 탈출 게임	· 퀴즈를 풀어 다음 단계로 이해하면서 방 탈출 게임에 참여하기 · 규칙이 지켜 주어진 미션을 완수하는가?	🔍 [퀴즈앤]-[Board]-[방 탈출]

✛ 에듀테크 활용 교수학습 평가 계획

차시	교수학습활동	평가내용	평가 방법
1~3 차시	활동 1. 우리 가족이 가고 싶은 세계 랜드마크 조사 활동을 위한 Google 프레젠테이션 기능 이해하기 활동 2. Google 어스 프로젝트 활동 3. 가족 여행 장소 발표 자료 제작하기	· 발표자료를 효과적으로 제작하기 · 글자, 그림, 도형을 넣어 [Google 프레젠테이션]를 효과적으로 구성하기 · 내용이 잘 전달되도록 발표하기	보고서 체크리스트
4~5 차시	활동 1. 제작한 슬라이드로 발표하기 활동 2. 세계 랜드마크 보이저 게임 활동 3. 세계 랜드마크 가족 여행 방 탈출 게임	· 적절한 목소리와 바른 자세로 발표하기 · 내용이 전달이 잘 되도록 발표하기 · 방 탈출 게임을 하고 나서 느낀 점을 [퀴즈앤]-[보드]에 작성하기	산출물 상호평가 관찰평가

1) 디지털교과서 (6학년 2학기 사회 31~33쪽)

디지털교과서에 포함되어 있는 동영상을 함께 시청하며, 사례를 함께 살피면서 무엇을 탐구해야 할지 생각합니다. 나라 조사에 포함되는 내용은 나라 이름, 면적, 모양, 위치(위도, 경도), 인구, 수도, 지도, 기후(열대, 건조, 온대, 냉대, 한대, 고산), 사람들의 생활 모습, 음식, 옷, 모자, 전통 복장, 전통 가옥, 그 나라에 유명한 랜드마크, 관광지, 종교, 주요 산업 등입니다.

[디지털교과서]-[6-2-사회]-[34쪽]

[디지털교과서]-[6-2-사회]-[31쪽]

2) Google 어스 및 퀴즈앤

Google 어스에서 마우스의 위치는 위도(남북위치), 경도(동서위치), 높이(고도)를 알려줍니다. 또한 좌표를 알면 Google 어스에서 장소를 찾을 수 있습니다. (예, 37.55°N, 126.99°E)

학생들이 QR코드나 핀번호를 통해 퀴즈앤 방 탈출 보드에 입장하여 방 탈출 문제를 해결합니다. 방 탈출 문제 중에서는 페이지 안에 영상을 보아야 답을 알 수 있는 것도 있습니다. 학생이 오답을 쓸 경우, 그 페이지 안에 머물러 있습니다.

[Google 어스]에서의 **위도와 경도**

[퀴즈앤]-[방탈출 보드] **세계 여행**

디지털교과서

2. 실감형콘텐츠

경기 상지초등학교 장수인	적용학년	초1	적용교과	통합	적용도구	클래스툴
경기 안현초등학교 허미주	적용학년	초3	적용교과	사회	적용도구	젭
경기 상지초등학교 장수인	적용학년	초4	적용교과	사회	적용도구	클래스툴
경기 향산초등학교 김우람	적용학년	초6	적용교과	사회	적용도구	캔바

실감형콘텐츠로 태풍 재난대응 교육하기

교사 **경기 상지초 장수인**

+ 에듀테크

>> 주 활용 에듀테크: **디지털교과서 실감형콘텐츠**

>> 연계 활용 에듀테크: **클래스툴**[ClassTool], **젭**[ZEP]

+ 교수학습 단원 여름 1-1-2. 여름나라

+ 에듀테크 활용 교수학습 개요

1학년 통합교과(여름) 중 '태풍이 피해요' 차시에서는 태풍이 우리 생활에 미치는 영향을 알아봅니다. 실감형콘텐츠(VR)을 활용하여 태풍을 간접적으로 경험해 봄으로써 태풍이 생활에 영향을 끼침을 알고 태풍으로 인한 피해를 대비하는 방법을 체험합니다. 이후, 클래스툴의 OX 퀴즈를 통해 배운 내용을 정리하고, 메타버스 플랫폼 젭에서 태풍 놀이를 하며 마무리합니다.

+ 에듀테크 활용 환경

>> **대상**: 학년 (초 1), 학생 수 (19)

>> **교실 인프라 환경**: 교사 (PC, TV, 아이패드), 학생 (크롬북 19대)

+ 에듀테크 활용 교수학습 과정

	세부활동	에듀테크 도구
1차시	● 활동 1. 태풍이 미치는 영향을 VR로 경험하기 ● 활동 2. 태풍을 대비하는 방법을 VR로 체험하기 ●평가 태풍이 발생했을 때 우리 생활에 미치는 좋은 점과 좋지 않은 점 이야기하기	디지털교과서 실감형콘텐츠
2차시	● 활동 1. 태풍 대비 방법 OX 퀴즈 하기 ● 활동 2. 태풍 놀이하기 ●평가 태풍에 대비하는 방법을 퀴즈로 정리하기 ●평가 태풍 놀이에 적극적으로 참여하기	클래스툴 젭

교과	통합(여름)	학년 학기	초등 1학년 1학기
차시	1~2차시	학생 수	19
단원	2. 여름나라		
배움 목표	· 태풍이 우리 생활에 미치는 영향을 알아봅시다.		
성취기준	· [2슬04-01] 여름 날씨의 특징과 주변의 생활 모습을 관련짓는다. · [2슬07-01] 여름에 사용하는 생활 도구의 종류와 쓰임을 조사한다.		

차시	주제	교수학습활동	자료 및 유의점
1차시	태풍이 미치는 영향을 VR로 경험하기	· 여름 날씨와 봄 날씨를 비교하여 이야기하기 · 태풍 실외 체험관과 영상을 통해서 태풍을 알아보기 · 태풍이 우리 생활에 끼치는 좋은 점 알아보기 · 태풍이 우리 생활에 끼치는 좋지 않은 점 알아보기	🔍 [실감형콘텐츠]-[VR][자연재해 체험하기] · 태풍 관련 뉴스 영상 활용 🔍 [시작하기]-[3D모드]-[태풍 체험관]-[태풍 실외 체험관] · 태블릿PC나 스마트폰 이용 시 3D 모드 사용, VR HMD 이용 시 VR HMD 모드 사용
	태풍을 대비하는 방법을 VR로 체험하기	· 태풍이 발생했을 때의 위험 요소 파악하기 · 적절한 행동 요령이 무엇일지 판단하기 · 잘못된 판단일 경우 대응 방법 바꾸기 · 태풍 실외 체험관 안전하게 대피하기 · 태풍 실내 체험관 안전하게 대피하기	📁 사이트[디지털교과서 실감형콘텐츠 – 자연재해 체험하기 웹 뷰어] 📁 사이트[디지털교과서 실감형콘텐츠 APP]
2차시	태풍 대비 방법 OX 퀴즈하기	· 태풍을 대비하는 방법을 108~109쪽을 보며 정리해 보기 · 태풍 대비 방법 OX 퀴즈 하기	🔍 [클래스툴]-[OX퀴즈] 📁 자료 [OX PPT 다운로드] · OX퀴즈의 질문은 ppt를 교실 앞 TV화면에만 제시해주고 학생들에게는 OX 판만 제시하기

차시	주제	교수학습활동	자료 및 유의점
2차시	태풍 놀이하기	· 술래 '태풍'을 정하기 · 태풍에게 잡히면 '작은 태풍'이 되기 · '작은 태풍'은 제자리에서 팔만 흔들어 친구들을 잡기 · 모두 다 잡히면 놀이 종료	🔍 [젭] · 내 아바타를 활용한 태풍 놀이로도 체험해보기

✛ 에듀테크 활용 교수학습 평가 계획

차시	교수학습활동	평가내용	평가 방법
1차시	활동 1. 태풍이 미치는 영향을 VR로 경험하기 활동 2. 태풍을 대비하는 방법을 VR로 체험하기	· 태풍이 발생했을 때 우리 생활에 미치는 좋은 점과 좋지 않은 점 이야기하기	구술평가
2차시	활동 1. 태풍 대비 방법 OX 퀴즈 하기 활동 2. 태풍 놀이하기	· 태풍에 대비하는 방법을 퀴즈로 정리하기 · 태풍에 대비하는 방법을 [클래스툴]-[OX 퀴즈]에 참여하며 정리하기 · 맞힌 개수 정리하여 평가하기 · 태풍 놀이에 적극적으로 참여하기 · [젭]에서 태풍 놀이에 적극적으로 참여하기	관찰평가 실기평가

✛ 에듀테크 활용 방법

1) 디지털교과서 실감형콘텐츠

실감형콘텐츠에는 초·중등 사회, 과학 교과와 공통된 주제에 활용할 수 있는 VR, AR, 360도 동영상이 있습니다. 그중 초등 사회 5-1 자연재해 체험하기 VR 콘텐츠를 '1학년 통합(여름)-태풍을 피해요' 차시에 활용하여 통해 태풍을 간접적으로 몰입감 높게 체험해 보고 위험 요소에 따라 어떻게 대응하는지 경험해 볼 수 있습니다.

[흥APP]-[초등 사회 5-1 자연재해 체험하기]-
[태풍 체험관] **실외 태풍 체험관 체험하기**

[흥APP]-[초등 사회 5-1 자연재해 체험하기]-
[태풍 체험관] **실내 태풍 체험관 체험하기**

2) 클래스툴

클래스툴은 선생님과 학생이 함께 스마트 디바이스를 가지고 상호작용 수업 활동을 할 수 있는 대화형 수업도구입니다. 실시간 퀴즈 도구를 활용해 태풍을 대비하는 방법을 OX 퀴즈로 정리해 봅니다. 이를 통해 학생들의 흥미와 참여도를 높일 수 있습니다.

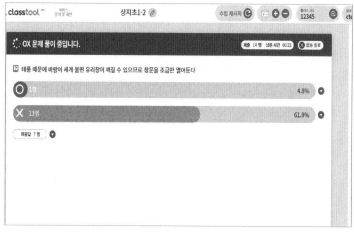

[클래스툴]-[OX]
OX 퀴즈 하기

[클래스툴]-[화이트보드] 퀴즈 PPT 클립보드로
복사하여 붙여넣어 학생에게 퀴즈 문제 제시하기

실감형콘텐츠로 고장의 주요 장소 탐색하기

교사 **경기 안현초 허미주**

✛ 에듀테크

>> 주 활용 에듀테크: **디지털교과서 실감형콘텐츠**
>> 연계 활용 에듀테크: **Zep**[젭], **오토드로우**[AutoDraw], **Google 지도**[Google map], **Google 잼보드** [Google Jamboard]

✛ 교수학습 단원 사회 3-1-1 우리가 생각하는 고장의 모습

✛ 에듀테크 활용 교수학습 개요

이 수업에서는 상대적으로 지리적, 문화적 접근성이 낮은 특수교육대상학생에게 거주지 및 생활권과 연계할 수 있는 내용을 학생의 수준에 적합하게 재구성하여 계획하였습니다. 젭, 실감형콘텐츠, Google 지도, 오토드로우, Google 잼보드를 활용하여 실생활을 기반으로 학교 주변에서 고장의 주요 장소까지 영역을 확장하여 탐색하고 점차 근거리를 독립적으로 이동할 수 있는 미래의 역량을 기르는데 긍정적 도움이 되도록 활용하고자 합니다.

✛ 에듀테크 활용 환경

>> **대상**: 학년 (초 3), 학생 수 (25)
>> **교실 인프라 환경**: 교사 (PC, TV), 학생 (크롬북/태블릿PC 25대)

✛ 에듀테크 활용 교수학습 과정

	세부활동	에듀테크 도구
1~2차시	● 활동 1. 고장 내 장소 경험담 나누기 ● 활동 2. 내가 경험한 고장의 장소 표현하기 ● 활동 3. 고장 내 주요 장소 표현하기 ● 평가 내가 경험한 고장의 장소 나타내기	Google 잼보드 오토드로우
3~4차시	● 활동 1. 고장 그림지도 그리기 ● 활동 2. 친구들과 그림지도 비교하기 ● 평가 실감형콘텐츠 활용하여 고장 그림지도 그리기	실감형콘텐츠

5~7차시	● 활동 1. 디지털 영상지도로 고장의 주요 장소 탐색하기	Google 지도 잽
	● 활동 2. 지도에 고장의 주요 장소 배치하기	
	● 평가 메타버스 공간에서 완성한 고장의 주요 장소를 배치하기	

✛ 에듀테크 활용 교수학습 설계

교과	사회	학년 학기	초등 3학년 1학기
차시	1~7차시	학생 수	25
단원	1. 우리가 생각하는 고장의 모습		
배움 목표	· 고장의 장소에 대한 나의 경험을 표현한다. · 고장의 그림지도를 그리고 친구들과 서로의 작품을 비교한다. · 백지도에 학교 인근의 주요 장소를 나타낸다. · 디지털 영상 지도로 고장의 주요 장소를 탐색한다.		
성취기준	· [4사01-01] 우리 마을 또는 고장의 모습을 자유롭게 그려보고, 서로 비교하여 공통점과 차이점을 찾아 고장에 대한 서로 다른 장소감을 탐색한다. · [4사01-02] 디지털 영상 지도 등을 활용하여 주요 지형지물들의 위치를 파악하고, 백지도에 다시 배치하는 활동을 통하여 마을 또는 고장의 실제 모습을 익힌다.		

차시	주제	교수학습활동	자료 및 유의점
1~2 차시	고장 내 장소 경험담 나누기 고장 내 주요 장소 나타내기	· 고장 내 장소에 대한 경험 이야기 나누기 · 고장의 지도에서 나의 경험 표현하기 · 고장 내 주요 장소 다양한 방법으로 표현하기	🔍 [Google 잼보드]-[펜],[이미지 추가], [스티커 메모] · 펜, 이미지 추가, 스티커 메모로 장소에 대한 경험 표현하기 · 특수교육대상 학생에게는 실제 학생이 경험한 사진 등 활용 유용 📁 자료[Google 잼보드]

차시	주제	교수학습활동	자료 및 유의점
1~2 차시		· 고장 내 주요 장소 다양한 방법으로 표현하기	🔍 [Google 오토드로우]-[오토드로우], [드로우] · 장소의 이미지, 하는 일 등과 연관 지어 드로우 기능으로 그리고 색칠하기 · 그리기에 자신이 없는 경우 오토드로우 기능 활용하기 📁 자료[오토드로우]
3~4 차시	고장 그림지도 그리기	· 고장 그림지도 그리기 · 친구와 바꿔보며 비교하기	🔍 [실감형콘텐츠]-[AR]- 우리 고장의 모습 자유롭게 그려보고, 서로 비교하기 · AR 마커지 위에 지도 그리기 · 그린 지도를 활용하여 앱에 인식시켜 길 찾기 · 친구들의 작품 서로 비교하기
5~7 차시	고장의 주요 장소 탐색하기	· 디지털 영상지도로 고장의 주요 장소 탐색하기	🔍 [젭]-[스탬프] 🔍 [Google 지도]-[스트리트 뷰] · 젭에서 백지도를 이동하며 고장의 주요 장소를 스트리트 뷰로 탐색 후 스탬프 찍기 📁 자료[젭] 🔍 [젭]-[미디어 추가] · 젭에 고장의 주요 장소 오토드로우로 완성한 작품을 오브젝트로 추가하기 🔍 [젭]-[비밀번호 입력 팝업] · 특수교육대상 학생에게는 익숙한 경로(예 :학교에서 집)의 주요 장소 탐색하기 · 젭에서 퀴즈를 풀며 학교에서 집 가는 경로 탐색하기 📁 자료[젭]

차시	교수학습활동	평가내용	평가 방법
1~2 차시	활동 1. 고장 내 장소 경험담 나누기 활동 2. 내가 경험한 고장의 장소 표현하기 활동 3. 고장 내 주요 장소 표현하기	· 고장에서 경험한 장소 나타내기 · [Google 잼보드]에 고장에서 경험한 장소 나타내기 · [Google 오토드로우]에 고장의 주요 장소 나타내기	자기평가 상호평가 보고서
3~4 차시	활동 1. 고장 그림지도 그리기 활동 2. 친구들과 그림지도 비교하기	· 실감형콘텐츠를 활용하여 고장의 그림지도 그리기 · [실감형콘텐츠]-[AR]-[우리 고장의 모습을 자유롭게 그리고 서로 비교하기]에 고장 그림지도 그리기	자기평가 상호평가 보고서
5~7 차시	활동 1. 고장의 주요 장소 탐색하기	· 고장의 주요 장소 탐색하기 · [젭]-[미디어 추가]에서 고장의 주요 장소 이미지 추가하여 배치하기	자기평가 상호평가

+ 에듀테크 활용 방법

1) 실감형콘텐츠

실감형콘텐츠는 교과서의 내용을 AR, VR, 360° 영상 등으로 나타낼 수 있습니다. 이 수업에서는 기본 레이아웃 마커를 활용하여 그림을 그리고 캐릭터를 선택 후 고장 그림지도를 이동하게 만들어진 AR 콘텐츠를 활용하였습니다.

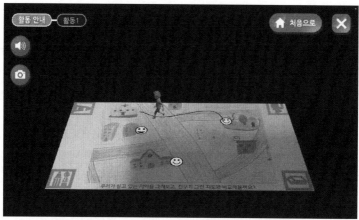

[실감형콘텐츠]-[AR]-[우리 고장의 모습 자유롭게
그려보고, 서로 비교하기] **그림지도 이동하기**

2) Google 잼보드

Google 잼보드는 상호 작용이 가능한 화이트보드 도구로 이 수업에서는 백지도를 배경으로 설정하여 학생들이 고장의 주요한 장소에 대한 경험을 스티커 메모로 작성, 스타일러스 펜으로 그리기, 이미지 검색, 촬영한 사진 추가 등을 통해 표현하며 경험을 떠올리고 서로 공유하도록 하였습니다.

3) 젭

이 수업에서는 고장의 특성을 탐색하고 스스로 배치해 보도록 하기 위해 백지도와 고장 지도를 젭의 배경 화면으로 설정하고 추가된 오브젝트로 Google 지도의 스트리트 뷰로 주요 장소를 탐색하거나 오토드로우로 만든 자신의 작품을 미디어로 추가하여 자신만의 지도를 완성하도록 하였습니다.

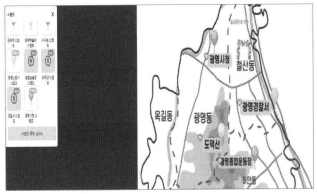

[젭]-[스탬프] 고장의 주요 장소 탐색하기

자료[젭] 고장의 주요 장소 탐색하기

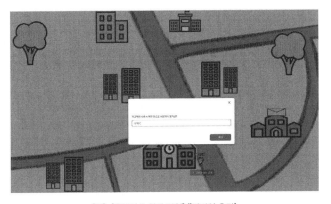

[젭]-[비밀번호 입력 팝업]/[미디어 추가]
나의 주요 장소 탐색하기

자료[젭] 나의 주요 장소 탐색하기

웹 실감형콘텐츠로 가상공간에서 지도 읽기

교사 **경기 상지초 장수인**

✛ 에듀테크

» 주 활용 에듀테크: **디지털교과서, 실감형콘텐츠**

» 연계 활용 에듀테크: **클래스툴**[ClassTool]

✛ 교수학습 단원 사회 4-1-1. 지역의 위치와 특성[초등학교 4학년, 아이스크림 미디어]

✛ 에듀테크 활용 교수학습 개요

4학년 사회 교과 1단원 '기호와 범례' 차시에서는 기호와 범례의 필요성을 이해하고 지도에서 범례를 보고 기호를 읽어봅니다. 클래스툴을 활용하여 나만의 기호를 만들어보고 서로 다른 기호를 보며 일정한 약속과 범례의 필요성을 인식합니다. 웹 실감형콘텐츠(VR)를 활용하여 가상 공간의 지도에 표시된 기호와 범례를 보며 목적지를 찾아가는 게임을 경험해 봄으로써 지리 정보를 실제 생활에 활용할 수 있는 능력을 기릅니다.

✛ 에듀테크 활용 환경

» **대상**: 학년 (초 4), 학생 수 (19)

» **교실 인프라 환경**: 교사 (PC, TV, 아이패드), 학생 (크롬북 19대)

✛ 에듀테크 활용 교수학습 과정

	세부활동	에듀테크 도구
1~2차시	● 활동 1. 기호와 범례의 필요성 이해하기 ● 활동 2. 기호와 범례의 의미 파악하기 ● 활동 3. 웹 실감형콘텐츠(VR)에서 기호와 범례를 이용하여 목적지 찾아가기 ● 평가 지도에서 기호와 범례를 읽고 목적지에 알맞게 도착하기	디지털교과서 웹 실감형콘텐츠

교과	사회	학년 학기	초등 4학년 1학기
차시	1~2차시	학생 수	19
단원	4-1-1. 지역의 위치와 특성		
배움 목표	· 지도에서 기호와 범례의 필요성을 이해하고 범례를 보고 지도를 읽을 수 있다.		
성취기준	· [4사03-01] 지도의 기본 요소에 대한 이해를 바탕으로 하여 우리 지역 지도에 나타난 지리 정보를 실제 생활에 활용한다.		

차시	주제	교수학습활동	자료 및 유의점
1차시	기호와 범례의 필요성 이해하기	· 그림이나 글자로만 나타낸 지도의 불편함 느끼기 · 그림과 글자로만 나타낸 지도를 보고 웹 실감형콘텐츠(VR)에서 병원 찾아가기 · 정보를 쉽게 나타내기 위한 기호와 범례의 필요성 느끼기	🔍 [웹 실감형콘텐츠]-[VR][지도의 기호와 범례 알기]-[웹으로 시작하기]-[병원] · 사이트[디지털교과서 실감형콘텐츠 – 지도의 기호와 범례 알기 웹 뷰어] [QR 코드] · 화면 상단에 나타난 지도를 보지 않고 가도록 지도하기
	기호와 범례의 의미 파악하기	· 지도에서 기호와 범례가 의미하는 것이 무엇인지 알기 · 장소의 모습과 특징을 생각하며 나만의 기호를 클래스툴 화이트보드에서 그려 보기 · 서로 다르게 만들어진 기호를 통해 일정한 약속과 범례가 필요함을 인식하기	🔍 [클래스툴]-[화이트보드] · 화이트보드로 나만의 기호를 그려보기
2차시	웹 실감형콘텐츠(VR)에서 기호와 범례를 이용하여 목적지 찾아가기	· 웹 실감형콘텐츠(VR)을 실행하여 가고자 하는 목적지를 선택하기 · 가상 체험 공간의 상단에 나타난 지도에서 기호와 범례를 보고 목적지에 찾아가는 길을 탐색하기 · 지도를 보고 병원, 학교, 우체국을 모두 찾아가기	🔍 [웹 실감형콘텐츠]-[VR][지도의 기호와 범례 알기]-[웹으로 시작하기]-[병원/우체국/학교] 📁 자료[실감형콘텐츠 활용 안내서] [QR 코드] · 게임 요소에 몰입하여 학생들 간에 경쟁이 되지 않도록 하고 기호와 범례를 읽는 것에 중점을 두어 지도하기

✛ 에듀테크 활용 교수학습 평가 계획

차시	교수학습활동	평가내용	평가 방법
2차시	웹 실감형콘텐츠(VR)에서 기호와 범례를 이용하여 목적지 찾아가기	· 지도에서 기호와 범례를 읽고 목적지에 알맞게 도착하기 · [웹 실감형콘텐츠]-[VR]-[지도의 기호와 범례 알기]를 체험하며 목적지에 알맞게 도착하기 · 기호와 범례를 알맞게 읽고 목적지에 도착하였는지 평가하기	관찰평가 실기평가

✛ 에듀테크 활용 방법

1) 디지털교과서 웹 실감형콘텐츠

실감형콘텐츠에는 초·중등 사회, 과학 교과와 공통된 주제에 활용할 수 있는 VR, AR, 360도 동영상이 있습니다. 그중 웹 브라우저 실행 가능한 웹 실감형콘텐츠는 에듀넷 홈페이지에서 활용할 수 있습니다. 해당 과목, 학년, 주제를 선택한 후, 웹으로 보기를 클릭하여 웹 실감형콘텐츠를 실행합니다.

[에듀넷]-[수업 메뉴]-[디지털교과서]-[실감형콘텐츠]-[웹 실감형콘텐츠]-[4학년]-[지도의 기호와 범례 알기]-[웹으로 보기]

[웹 실감형콘텐츠]-[지도의 기호와 범례 알기]
병원, 학교, 우체국 중에서 가고자 하는 목적지를 선택하여 VR 체험하기

웹 실감형콘텐츠는 간편한 키보드, 마우스 조작으로 실감형콘텐츠를 학습할 수 있습니다. 가상 체험 공간의 상단에 반투명하게 지도가 나타나고 기호와 범례를 보고 목적지에 찾아가는 길을 탐색합니다. '이동'을 선택하면 길 찾기 체험이 시작되고, '정지'를 선택하면 멈춰서 지도상의 위치를 확인합니다. 이동 속도를 1배속, 2배속, 4배속으로 조절하여 이동합니다.

[웹 실감형콘텐츠]-[지도의 기호와 범례 알기] **가상 공간의 상단에 보이는 지도의 기호와 범례 보기**

[웹 실감형콘텐츠]-[지도의 기호와 범례 알기] **이동 속도를 조절하고 이동하기**

디지털교과서로 배우는 세계 여러 나라의 자연과 문화

교사 경기 향산초 김우람

✛ 에듀테크
» 주 활용 에듀테크: **디지털교과서**
» 연계 활용 에듀테크: **Google 드라이브**[Google drive], **북 크리에이터**[Book creator], **캔바**[Canva]

✛ 교수학습 단원 사회 6-2-1. 세계 여러 나라의 자연과 문화

✛ 에듀테크 활용 교수학습 개요

> 6학년 사회 2학기는 세계 여러 나라의 자연과 문화를 이해하는 단원입니다. 그중 소주제 1은 세계 여러 대륙과 나라들의 지리적 특성에 대한 이해로 지구촌 시대를 이해하는 능력과 인간 생활의 다양성을 탐구하는 단원입니다. 따라서 시각 · 공간 자료 제공이 많이 필요한 부분을 디지털교과서를 중점으로 디지털교과서 실감형콘텐츠, 캔바, 북 크리에이터 에듀테크를 활용하여 학생들이 세계 시민으로서 지녀야 할 역량을 함양하는 데 주안을 두었습니다.

✛ 에듀테크 활용 환경
» **대상**: 학년 (초6), 학생 수 (25)
» **교실 인프라 환경**: 교사 (PC, TV), 학생 (태블릿 PC– 갤럭시 탭 S6 Lite, 블루투스 키보드, 이어폰)

✛ 에듀테크 활용 교수학습 과정

	세부활동	에듀테크 도구
1~2차시	● 활동 1. 세계 지도, 지구본, 디지털 영상 지도 특징 알아보기 ● 활동 2. 위도와 경도로 세계 여러 지역 찾기 ● 평가 세계 지도, 지구본의 특징을 알고 위도와 경도로 지역의 위치 찾기	디지털교과서 실감형콘텐츠 클래스툴
3~6차시	● 활동 1. 세계의 여러 대륙과 대양 알아보기 ● 활동 2. 각 대륙에 속한 나라 살펴보기 ● 활동 3. 세계 여러 나라의 면적과 모양 살펴보기	디지털교과서 캔바

	세부활동	에듀테크 도구
7~8차시	● 활동 1. 북 크리에이터로 세계 여행을 계획하여 세계 여러 나라 제작하기 ● 활동 2. 우리 모둠 세계 여행 발표하기 ● 평가 모둠별 세계 일주 코스 발표하기	디지털교과서 북 크리에이터

✦ 에듀테크 활용 교수학습 설계

교과	사회	학년 학기	초등 6학년 2학기
차시	1~8차시	학생 수	25
단원		1. 세계 여러 나라의 자연과 문화	
배움 목표		· 다양한 공간 자료 활용을 알고, 세계 주요 대륙과 대양의 위치와 범위, 대륙별 주요 나라의 위치와 영토의 특징을 탐색할 수 있다.	
성취기준		· [6사07-01]세계지도, 지구본을 비롯한 다양한 형태의 공간 자료에 대한 기초적인 내용과 활용 방법을 알고, 이를 실제 생활에 활용한다. · [6사07-02]여러 시각 및 공간 자료를 활용하여 세계 주요 대륙과 대양의 위치 및 범위, 대륙별 주요 나라의 위치와 영토의 특징을 탐색한다.	

차시	주제	교수학습활동	자료 및 유의점
1~2 차시	세계 지도, 지구본, 디지털 영상 지도 특징 알아보기	· 세계 지도, 지구본 AR 디지털교과서로 살펴보기 〈플립 러닝-교사 내용 확인〉 ① 세계 지도와 지구본 특성 이해하기 (AR 아이콘 활용하기) ② 실감형콘텐츠 활용을 통해 지구의 평면화로 인한 왜곡점 알기 ③ 위선, 적도, 경선, 본초 자오선 이해하고 설명하기 ④ 지구본과 세계지도의 공통점과 차이점 말하기 ⑤ 위도와 경도를 이용해 여러 위치를 나타내는 방법 알기	🔍 [디지털교과서]-[클래스 기능] [6-2-사회]-[24~25] · 디지털교과서 클래스 기능을 활용하여 교사가 사전에 준비한 자료를 디지털교과서 클래스에 올리고 학생들이 동기화, 병합하여 사용하기 · 디지털교과서 콘텐츠 개별 학습 진행시 이어폰 준비하기 (이어폰 미 사용시 학생 개별 콘텐츠 학습 진행 어려움) 🔍 [디지털교과서]-[실감형콘텐츠] · 실감형콘텐츠 APP 미리 설치하기 (플레이스토어-실감형콘텐츠 APP 다운로드 가능)
	위도와 경도로 세계 여러 지역 찾기	· 위도와 경도로 세계 여러 지역 위치 찾기 놀이하기	

차시	주제	교수학습활동	자료 및 유의점
3~5 차시	세계의 여러 대륙과 대양 알아보기	· 노래로 살펴보는 5대양 7대륙 톺아보기 (10개 나라가 속한 대륙 찾기)	🔎 [디지털교과서]–[자료연결] · 디지털교과서 자료연결 기능을 이용하여 영상자료 연결 – 크라잉넛 룩셈부르크 · 블렌디드 수업 형태로 진행 모둠별 진행시 활동지 제공 (활동지 파일 드라이브에 첨부) 📁 자료[Google 드라이브]
	각 대륙에 속한 나라 살펴보기	· 디지털교과서와 활동지를 함께 활용하여 각 대륙에 속한 나라 살펴보기	
	세계 여러 나라의 면적과 모양 살펴보기	· 내가 찜한 나라 캔바를 이용하여 제작하기 · 제작 & 정리한 내용 발표하기	🔎 [캔바]–[템플릿 제작] – 교사가 예시 템플릿을 미리 제작하여 학생들에게 과제로 제출
6~8 차시	북 크리에이터로 세계 여행을 계획하여 세계 여러 나라 제작하기	· 교과서 세계 여러 나라 소개 예시 탐색하기 · 모둠별 세계 여행 코스를 북 크리에이터로 작성하기	· 디지털교과서 – 교과서에 제시된 모둠별 자료를 참고하여 세계 여행 코스 책 구상하기 🔎 [북 크리에이터]–[템플릿 제작] · 태블릿PC를 모둠별로 역할을 나누어서 북 크리에이터로 책 제작 준비하기
	우리 모둠 세계 여행 발표하기	· 모둠별 세계 여행 코스를 북 크리에이터로 작성하기	· 북 크리에이터로 모둠별 여행하고 싶은 세계 여행 코스를 책으로 만들기

+ 에듀테크 활용 교수학습 평가 계획

차시	교수학습활동	평가내용	평가 방법
1~2 차시	활동 1. 세계 지도, 지구본 AR DT로 살펴보기 활동 2. 위도와 경도로 세계 여러 지역 위치 찾기	· 세계 지도, 지구본, 디지털 영상지도의 특징 알고 위도와 경도를 이용해 지역 위치 찾아보기 · 세계 지도, 지구본, 디지털지도의 특징을 디지털교과서에 정리하기 · 위도와 경도로 세계 여러 지역 찾기	포트폴리오 자기평가
6~8 차시	활동 1. 북 크리에이터로 세계 여행을 계획하여 세계 여러 나라 제작하기 활동 2. 우리 모둠 세계 여행 발표하기	· 여러 시각 및 공간 자료를 활용하여 세계 여행 코스 설계하기 · [북 크리에이터]-[읽기 활용] · 모둠별 세계 여행 코스 북 크리에이터로 제작하기 · 완성한 세계 여행 코스 북을 북 크리에이터에 게시하기	산출물 상호평가 체크리스트

+ 에듀테크 활용 방법

1) 캔바

캔바에서 교사가 미리 템플릿 예시를 디자인합니다. 학생들이 템플릿을 선택하고 만드는 것에서부터 어려움을 느끼기 때문에 사전에 교사가 준비해야 수업 진행이 원활할 수 있습니다. 만든 템플릿을 아래 사진에 제시된 것처럼 공유-과제로 제출하게 되면 학생들이 교사가 제시한 템플릿을 사본을 제공받아 자신들이 원하는 나라 소개로 바꿔서 제작하기가 용이합니다. 선물 폴더 기능에 나라 소개하기 자료가 모이면 캔바 자체 내에서 프레젠테이션 형태로 학생별로 발표 수업이 가능합니다.

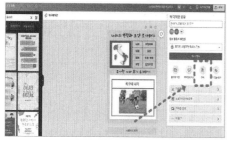

[캔바]-[과제 제시]
교사가 디자인한 템플릿 과제 해결하기

[캔바]-[선물 폴더]
학생 개별로 캔바로 나라 소개하기

2) 디지털교과서

디지털교과서 활용 예시처럼 서책에서 할 수 있는 메모, 하이라이트, 스티커 기능을 태블릿PC를 활용하여 충분히 서책만큼 활용이 가능합니다. 실감형콘텐츠의 경우 디지털교과서가 제공하는 콘텐츠를 VR, AR, 360 동영상 등을 제공하는 별도 App으로 사전에 구글 플레이 스토어로 설치해서 활용이 가능합니다. (일부 콘텐츠는 웹상에서 설치 없이 실행도 가능하도록 현재 구현되어 있습니다.)

디지털교과서 활용 모습

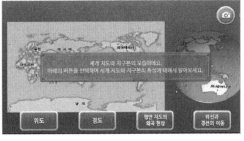
실감형콘텐츠 활용 모습

3) 북 크리에이터

[북 크리에이터]-[라이브러리]
북 크리에이터 서재로 조별 발표 모습 확인하기

[북 크리에이터]-[콜라보레이션 기능]
북 크리에이터 산출물

북 크리에이터는 태블릿PC로도 수업 시간에 충분히 활용 가능한 에듀테크입니다. 본 수업에서는 교과서에 제시된 세계 여러 나라 소개하기에 제시된 세계 일주 코스 짜기를 주제로 위와 같이 모둠별로 세계 일주 코스를 계획하고 북 크리에이터로 한 권의 책을 제작하도록 수업을 설계하였습니다.

디지털교과서

3. 만들어가는 디지털교과서 유아, 초등

학교/교사	적용 구분		적용 내용	적용도구	
경기 안현초등학교 허미주 경기 부명초등학교 도현숙	적용연령	만5세	적용영역	의사소통	적용도구 캔바
경기 안현초등학교 허미주 경기 부명초등학교 도현숙	적용학년	초1	적용교과	통합(봄)	적용도구 클래스툴
경기 도원초등학교 김희연 경기 상지초등학교 장수인	적용학년	초1	적용교과	통합[겨울]	적용도구 띵커벨
경기 안현초등학교 허미주 경기 부명초등학교 도현숙	적용학년	초2	적용교과	국어	적용도구 클래스툴
경기 호수초등학교 홍영택	적용학년	초4	적용교과	체육	적용도구 Google 사이트도구
경기 연천왕산초등학교 한의표	적용학년	초5	적용교과	미술	적용도구 제페토
경기 연천왕산초등학교 한의표	적용학년	초5	적용교과	국어	적용도구 메타 퀘스트
경기 안현초등학교 허미주 경기 부명초등학교 도현숙	적용학년	초5	적용교과	국어	적용도구 띵커벨
경기 솔터초등학교 이서영	적용학년	초5	적용교과	사회	적용도구 캔바
경기 솔터초등학교 이서영	적용학년	초5	적용교과	실과	적용도구 젭
경기 고양오금초등학교 황형준	적용학년	초6	적용교과	국어	적용도구 AI 스튜디오스
경기 향산초등학교 김우람	적용학년	초6	적용교과	실과	적용도구 AI 스튜디오스
경기 향산초등학교 김우람	적용학년	초6	적용교과	창체	적용도구 젭

캔바[Canva]를 활용한 유아 표현활동

교사 **경기 안현초 허미주**
교사**경기 부명초 도현숙**

✚ 에듀테크

》 주 활용 에듀테크: **캔바**[Canva]
》 연계 활용 에듀테크: **Google 3D 검색**[Google 3D search]

✚ 교수학습 주제 서로 다른 우리 함께 하기

✚ 에듀테크 활용 교수학습 개요

이 수업에서는 스스로 기기에 접속 및 활동 참여가 어려운 유아의 특성을 고려하여 교사 주도 혹은 보조 교사를 활용한 모둠 활동을 통해 에듀테크를 활용하고자 합니다. 수업 과정 중 캔바, Google 3D 검색을 활용하여 실감 나는 자료를 제시하여 학생들의 표현활동을 증진할 수 있습니다. 그림책의 내용을 이해하고 책 속의 장면을 다양한 말놀이와 신체 표현하는 동시에 등장인물들의 서로 다름을 이해하고 존중하며 등장인물들이 함께 할 수 있는 놀이를 상상해 보는 것을 목표로 합니다.

✚ 에듀테크 활용 환경

》 **대상**: 유아 수 (20)
》 **교실 인프라 환경**: 교사 (PC, TV), 학생 (크롬북/태블릿PC 3대)

✚ 에듀테크 활용 교수학습 과정

세부활동	에듀테크 도구
1~2차시 ● 활동 1. 그림책 내용 상상하기 ● 활동 2. 그림책의 읽기 ● 활동 3. 말놀이, 동작으로 표현하기 ● 활동 4. 등장인물의 특징 표현하기 ● 활동 5. 그림책의 내용 파악하기 ● 활동 6. 그림책의 내용 상상하기 ● 평가 등장인물의 특징 말놀이, 신체 표현하기	캔바 Google 3D 검색

교과	의사소통, 사회관계, 예술 경험, 자연탐구	학년 학기	만 5세
차시	1~2차시	학생 수	20
배움 목표	· 그림을 단서로 그림책의 내용을 이해한다. · 우리말의 재미를 표현한다. · 그림책의 내용으로 극놀이를 한다. · 동물의 특성을 탐구한다. · 서로 다른 친구들이 함께 놀이하는 방법을 상상한다.		
성취기준	· 의사소통 – 동화를 듣고 우리말의 재미를 느낀다. 책의 그림을 단서로 내용을 이해한다. · 사회관계 – 친구와 협동하며 놀이한다. · 예술 경험 – 움직임으로 자신의 생각과 느낌을 표현한다. · 자연탐구 – 관심 있는 동물의 특성을 알아본다.		

차시	주제	교수학습활동	자료 및 유의점
1~2 차시	그림책의 내용 상상하기	· 그림책 내용 추측하여 이야기 나누기	📁 자료[Google 사이트도구] 🔍 [캔바]-[프레젠테이션],[화이트보드] · 전자 칠판 활용 혹은 스마트폰 혹은 태블릿PC 앱으로 접속하여 미러링하기
	그림책 읽기	· 글의 유무를 비교하며 그림책 읽기 · 그림책 읽고 이야기 나누기	🔍 [캔바]-[프레젠테이션] · 프레젠테이션 단축키 이용하여 유아의 집중 유지하기
	흉내 내어 표현하기	· 흉내 내는 말과 동작으로 표현하기(그림책 내용을 유아들의 경험과 동물들의 특징을 떠올리며 모양, 소리를 흉내 내어 표현하기)	🔍 [캔바]-[업로드 항목]-[파일 업로드] · 캔바에 유아들의 말, 동작 동영상 촬영 후 삽입하기
	등장인물의 특징 표현하기	· 등장인물 특징 관찰하기 · 등장인물의 특징을 말놀이, 동작으로 표현하기	🔍 [Google 3D 검색] · 다양한 동물 관찰하기 · 관찰한 내용을 동작, 말 리듬으로 표현하기
	그림책 내용 파악하고 상상하기	· 그림책의 내용 떠올리며 이야기 나누기 · 그림책의 내용을 토대로 상상하여 그리기 · 모둠별로 그림책의 이어질 내용 상상하기 · 유아들이 작성 내용 게시하여 공유 및 발표하기	🔍 [캔바]-[프레젠테이션],[그리기] · 그리기 기능으로 동물들의 특징에 따라 다른 학교생활 연결하기 · 미러링, 동영상 녹화 등 통해 학생 작품 공유하기

✛ 에듀테크 활용 교수학습 평가 계획

차시	교수학습활동	평가내용	평가 방법
1~2 차시	활동 1. 그림책 내용 상상하기 활동 2. 그림책 읽기 활동 3. 말놀이, 동작으로 표현하기 활동 4. 등장인물 특징 표현하기 활동 5. 그림책의 내용 파악하기 활동 6. 그림책의 내용 상상하기	· 등장인물의 특징 표현하기 · 등장인물을 관찰하여 동작, 말놀이로 표현하기 · [Google 3D 검색]으로 동물 관찰하여 말놀이, 동작으로 표현하기 · 그림책의 이어질 내용 상상하여 표현하기 · [캔바]로 그림책의 이어질 내용 상상하여 말놀이, 동작으로 표현하기	자기평가 상호평가

✛ 에듀테크 활용 방법

1) 교수학습자료 모음

📁 자료[교수학습 자료 모음 사이트]

2) 캔바

캔바는 디자인 도구로 유아들과 가까운 위치에서 상호작용하며 수업해야 하는 특성상 교사가 휴대 가능한 기기를 들고 순회하며 미러링 방법으로 활용 가능합니다. 이 수업에서는 유아의 표현을 바로 글로 적는 과정을 보여주는 화이트보드, 한글 해득 전 특성을 고려한 그리기, 유아의 표현을 동영상 촬영 후 업로드, 주의집중 시간을 향상시키는 프레젠테이션 단축키 기능을 활용하였습니다.

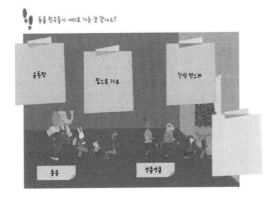

[캔바]-[프레젠테이션], [화이트보드] **그림책 내용 추측하기**

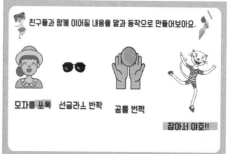

[캔바]-[프레젠테이션],[그리기]
그림책 내용 파악하기 예시

[캔바]-[프레젠테이션]
줄거리를 말리듬과 동작으로 표현하기 예시

3) Google 3D 검색

Google 3D 검색은 스마트폰 및 태블릿PC 등에서 Google 앱 혹은 google.com에서 동물의 이름을 입력하여 검색하고 3D 보기로 관찰 가능합니다. 이 수업에서는 3D 보기를 통해 동물들의 소리와 움직임을 실감 나게 관찰하고 관찰한 내용을 흉내 내는 말로 표현하기로 연결되도록 활용하였습니다.

[Google 3D 검색] 3D로 동물 특징 관찰하기

[Google 3D 검색] 내 공간에서 동물 관찰하기

클래스툴[Classtool]을 이용한 장애인식개선교육

교사 **경기 안현초 허미주**
교사 **경기 부명초 도현숙**

✛ 에듀테크

 ≫ 주 활용 에듀테크: **클래스툴**[Classtool]
 ≫ 연계 활용 에듀테크: **Google 사이트 도구**[Google Sites]

✛ 교수학습 단원 국어 1-2-1 소중한 책을 소개해요, 통합(봄) 1-1 학교에 가면

✛ 에듀테크 활용 교수학습 개요

이 수업에서는 에듀테크 도구에 접근성이 낮은 저학년의 특성을 고려하여 교사의 안내에 따라 참여하기
용이하도록 국어, 봄 교과를 통합하여 활동에 적합한 에듀테크를 활용하고자 합니다. 학생들은 클래스툴
에서 등장인물들의 서로 다름을 이해하고 존중하며 등장인물들이 함께 할 수 있는 놀이를 상상해 보는 활
동을 통해 학급 친구들과 함께 할 수 있는 방법에 대해 생각 및 실천하는 것을 목표로 합니다.

✛ 에듀테크 활용 환경

 ≫ **대상**: 학년 (초 1), 학생 수 (25)
 ≫ **교실 인프라 환경**: 교사 (PC, TV), 학생 (크롬북/태블릿PC 25대)

✛ 에듀테크 활용 교수학습 과정

	세부활동	에듀테크 도구
1차시	● 활동 1. 그림책 글의 내용 추측하기 ● 활동 2. 그림책 읽기 ● 활동 3. 그림책의 이어질 내용 상상하기 ● 평가 이어질 내용 상상하여 표현하기	클래스툴

교과	통합(봄), 국어	학년 학기	초등 1학년 1학기
차시	1차시	학생 수	25
단원	1. 학교에 가면 1. 소중한 책을 소개해요.		
배움 목표	· 그림책의 내용을 이해하고 이어질 내용을 상상한다. · 서로 다른 친구들을 이해하고 함께 놀이하는 방법을 생각한다.		
성취기준	· [2국05-02] 인물의 모습, 행동, 마음을 상상하며 그림책, 시나 노래, 이야기를 감상한다. · [2슬01-02] 여러 친구의 다양한 특성을 이해하고 친구와 잘 지내는 방법을 알아본다. · [2즐01-01] 친구와 친해질 수 있는 놀이를 한다.		

차시	주제	교수학습활동	자료 및 유의점
1 차시	그림책의 내용 추측하기	· 그림책의 표지를 보고 글의 내용 추측하여 이야기 나누기 · 그림책의 그림만 훑어본 후 기억에 남는 장면 이야기 나누기	📁 자료[Google 사이트 도구] 🔍 [Google 사이트 도구]-[온라인에서 책 읽기] 🔍 [클래스툴]-[웹 링크 전송] · 웹 링크 전송 기능으로 자료 제시하기 📁 자료[클래스툴]
	그림책 읽기	· 그림책의 내용 읽고 이야기 나누기 · 글이 없는 그림책과 글이 있는 그림책 내용 비교하기	🔍 [Google 사이트]-[온라인에서 책 읽기]
	그림책 내용 파악하기	· 그림책의 내용 떠올리며 이야기 나누기 · 그림책의 내용을 토대로 상상하기 · 모둠별로 그림책의 이어질 내용 상상하여 그리기 · 게시하여 공유 및 발표하기	🔍 [클래스툴]-[주관식],[객관식] · 주관식, 객관식 퀴즈를 풀고 그림책의 내용 이야기 나누기 🔍 [클래스툴]-[화이트보드] · 화이트보드 기능으로 양식 공유하여 작성하기

✛ 에듀테크 활용 교수학습 평가 계획

차시	교수학습활동	평가내용	평가 방법
1 차시	활동 1. 그림책 글의 내용 추측하기 활동 2. 그림책의 내용 읽기 활동 3. 그림책의 이어질 내용 상상하기	· 그림책의 이어질 내용 상상하여 표현하기 · 모둠별로 이어질 내용을 상상한 내용을 작성하여 [클래스툴]–[화이트보드]에 게시하기 · 게시한 내용 발표하기	보고서 상호평가

✛ 에듀테크 활용 방법

1) 자료 모음

📁 자료[교수학습 자료 모음 사이트]

2) 클래스툴

클래스툴은 실시간으로 상호작용하며 수업에 참여할 수 있는 도구입니다. 화이트보드로 학생의 활동 참여 및 공유, 객관식 및 주관식 퀴즈로 이해도를 파악하는 활동으로 활용하였습니다.

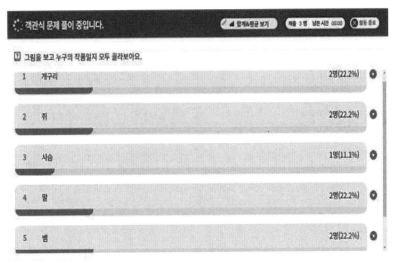

[클래스툴]–[객관식] **객관식 퀴즈 참여하기**

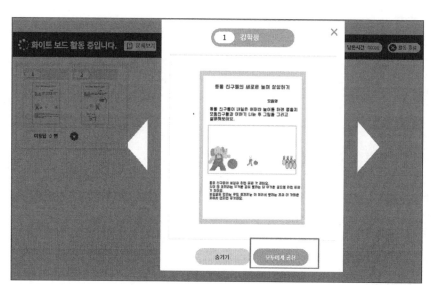

[클래스툴]-[화이트보드] **이어질 내용 상상하여 그리기**

Edutech로 1학년 통합수업하기

교사 **경기 도원초 김희연**
교사 **경기 상지초 장수인**

+ 에듀테크

>> 주 활용 에듀테크: **북 크리에이터**[Book Creator], **띵커벨**[ThinkerBell]
>> 연계 활용 에듀테크: **디지털교과서 실감형콘텐츠, 젭**[ZEP]

+ 교수학습 단원 통합(겨울) 1-2-1. 여기는 우리나라

+ 에듀테크 활용 교수학습 개요

'여기는 우리나라' 단원에서는 우리나라의 전통문화인 놀이, 음식, 집, 옷(한복) 등에 대해 알아보고 소개합니다. 우리나라의 전통문화들을 띵커벨, 실감형콘텐츠를 통해 알아보고, 젭에서 전통 놀이를 간접적으로 체험합니다. 우리나라의 전통문화를 정리하여 북 크리에이터로 우리나라 소개 책자를 만들어 전시하고 감상합니다. 이를 통해 우리나라의 전통을 알고 나라를 사랑하는 마음을 갖도록 합니다.

+ 에듀테크 활용 환경

>> **대상**: 학년 (초 1), 학생 수 (19)
>> **교실 인프라 환경**: 교사 (PC, TV, 아이패드), 학생 (크롬북 19대)

+ 에듀테크 활용 교수학습 과정

	세부활동	에듀테크 도구
1~2차시	● 활동 1. 재미난 우리 놀이 ● 활동 2. 색이 고운 우리 옷	띵커벨 북 크리에이터
3~4차시	● 활동 1. 맛나고 정겨운 우리 음식 ● 활동 2. 조상의 지혜가 담긴 우리 집	디지털교과서 실감형콘텐츠 띵커벨 클래스툴 북 크리에이터
5~6차시	● 활동 1. 우리나라 전통 정리하기 ● 활동 2. 우리나라 소개 책자 만들기 ● 활동 3. 메타버스 공간에서 우리나라 소개하기 ● 평가 우리나라 전통을 소개하는 책자를 만들고 발표하기	젭 북 크리에이터

╋ 에듀테크 활용 교수학습 설계

교과	통합(겨울)	학년 학기	초등 1학년 2학기
차시	1~6차시	학생 수	19
단원	1. 여기는 우리나라		
배움 목표	· 우리나라의 상징을 알아보고 우리나라를 소개하는 자료를 만들 수 있다.		
성취기준	· [2슬07-01] 우리나라의 상징과 문화를 조사하여 소개하는 자료를 만든다. · [2슬07-01] 우리나라의 상징을 여러 가지 방법으로 표현한다.		

차시	주제	교수학습활동	자료 및 유의점
1~2 차시	재미난 우리 놀이	· 알고 있는 우리 놀이 이야기 나누기	🔍 [띵커벨]-[토의·토론]-[워드클라우드] · 자신이 알고 있는 우리 놀이를 띵커벨 워드클라우드에 보내어 공유하기 📁 자료[띵커벨] [QR 코드]
		· 다양한 우리 놀이와 놀이 규칙 알아보기	🔍 [띵커벨]-[보드] · 띵커벨 보드에 있는 다양한 우리 놀이에 대해 학습하기 📁 자료[띵커벨] [QR 코드]
		· 우리 놀이 즐기기	🔍 [젭] · 젭 공간에서 '무궁화 꽃이 피었습니다', '땅따먹기' 등의 우리 놀이에 참여하기
	색이 고운 우리 옷	· 한복의 특징과 아름다움을 알아보기 · 한복에 쓰이는 대표적인 색으로 한복 색칠하기	🔍 [북 크리에이터] · 북 크리에이터의 책 표지를 한복으로 꾸미기
3~4 차시	맛나고 정겨운 우리 음식	· 우리나라 전통음식 조사하기	🔍 [띵커벨]-[보드] · 띵커벨 보드에서 우리나라 전통음식에 대한 자료 살펴보기

차시	주제	교수학습활동	자료 및 유의점
3~4 차시		· 우리나라 전통음식 광고지 만들기 · 우리나라 전통음식 홍보하기	[북 크리에이터] · 모둠별로 조사한 전통음식에 대해 북 크리에이터로 광고지 만들기
	조상의 지혜가 담긴 우리 집	· 조상들이 살던 집과 오늘날의 집 비교하기 · 조상들이 살던 집의 우수성 찾기 · 조상들이 살던 집의 우수성 정리하기	[실감형콘텐츠]-[AR]-[조상들이 살던 집] · AR로 조상들이 살던 집(기와집, 초가집)과 오늘날의 집(아파트) 외부와 내부를 관찰하기 📁 자료[활동지] [QR 코드]
5~6 차시	우리나라 전통 정리하기	· 퀴즈를 통하여 우리나라 전통에 대한 내용 정리하기	[띵커벨]-[퀴즈] · 띵커벨 퀴즈로 우리나라 전통에 대한 내용을 정리하기 📁 자료[띵커벨] [QR 코드]
	우리나라 소개 책자 만들기	· 우리나라 소개자료 제작하기	[북 크리에이터] · 북 크리에이터로 우리나라 소개 책자 제작하여 발표 및 전시하기
	우리나라 소개 책자 발표하기	· 완성한 우리나라 소개 책자를 메타버스 공간에 게시하기 · 정리한 내용 발표하기	[젭] · 완성한 우리나라 소개 책자를 메타버스 공간에 게시 후 발표하기

✚ 에듀테크 활용 교수학습 평가 계획

차시	교수학습활동	평가내용	평가 방법
5~6 차시	활동 1. 우리나라 전통 정리하기 활동 2. 우리나라 소개 책자 만들기 활동 3. 우리나라 소개 책자 발표하기	· 우리나라 전통을 소개하는 책자를 만들고 발표하기 · [북 크리에이터]로 우리나라 소개 책자를 만들기 · [젭] 공간에서 발표하기	산출물 상호평가

1) 띵커벨

띵커벨은 퀴즈·토론·협동학습 등 다양한 형태의 학습을 가능하게 하는 에듀테크입니다. 본 수업에서는 띵커벨의 기능 중 보드 기능을 이용하여 학생들에게 자료를 제시하고, 퀴즈를 통해 내용을 정리하도록 하였습니다.

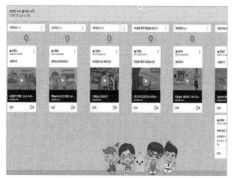

[띵커벨]-[보드] 보드로 다양한 우리 놀이 알아보기

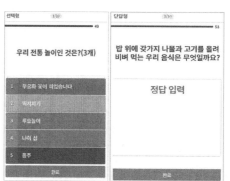

[띵커벨]-[퀴즈] 학습 내용 정리하기

2) 북 크리에이터

북 크리에이터는 다양한 시청각 자료들을 손쉽게 끌어다가 자신만의 결과물을 만들 수 있는 유용한 에듀테크입니다. 본 수업에서는 북 크리에이터를 통해 우리나라의 전통 음식 홍보지를 만드는 활동뿐만 아니라 프로젝트 결과물로써 우리나라를 소개하는 책자를 만드는 데에 북 크리에이터를 활용하도록 설계하였습니다.

[북 크리에이터] 우리나라 전통 음식 홍보지 만들기

[북 크리에이터] 우리나라 소개 책자 만들기

젭은 다양한 메타버스 플랫폼 중 학생들의 학습공간으로 사용하기에 유용한 플랫폼입니다. '무궁화 꽃이 피었습니다', '땅따먹기' 등의 전통 놀이를 메타버스 공간 내에서 즐길 수 있도록 하였습니다. 또한 젭 공간에서 프로젝트 결과물인 우리나라 소개 책자를 전시하여 서로 공유할 수 있는 활동을 진행하였습니다.

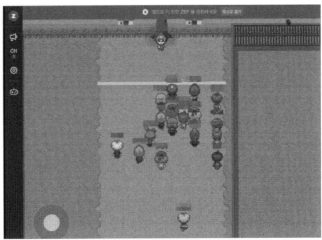

[젭] '무궁화 꽃이 피었습니다' 놀이 체험하기

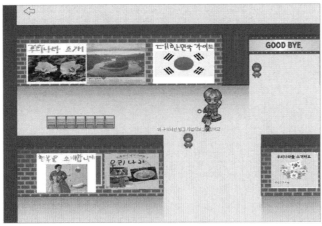

[젭] 우리나라 소개 책자 전시하고 감상하기

클래스툴[Classtool]을 이용한 말의 재미 찾기

교사 **경기 안현초 허미주**
교사 **경기 부명초 도현숙**

✛ 에듀테크

≫ 주 활용 에듀테크: **클래스툴**[Classtool]

≫ 연계 활용 에듀테크: **Chrome 뮤직 랩**[Chrome music lab]

✛ 교수학습 단원 국어 2-2-3. 말의 재미를 찾아서, 통합(겨울) 2. 겨울 탐정대의 친구 찾기

✛ 에듀테크 활용 교수학습 개요

이 수업에서는 에듀테크 도구에 접근성이 낮은 저학년의 특성을 고려하여 교사의 안내에 따라 참여하기 용이하도록 국어, 겨울 교과를 통합하여 활동에 적합한 에듀테크를 활용하고자 합니다. 학생들은 클래스툴 접속 후 e-book, Chrome 뮤직 랩 등 다양한 도구를 활용하여 그림책의 내용을 추측 및 파악한 뒤 그림책 의 이야기를 떠올리며 다양한 말놀이로 표현하며 말의 재미를 느껴보고자 합니다.

✛ 에듀테크 활용 환경

≫ **대상**: 학년 (초 2), 학생 수 (25)

≫ **교실 인프라 환경**: 교사 (PC, TV), 학생 (크롬북/태블릿PC 25대)

✛ 에듀테크 활용 교수학습 과정

	세부활동	에듀테크 도구
1차시	● 활동 1. 그림책 읽기 ● 활동 2. 등장인물의 특징 그림글자로 표현하기 ● 평가 등장인물의 특징을 흉내 내는 말로 표현하기	클래스툴
2차시	● 활동 1. 흉내 내는 말과 말 리듬으로 줄거리 표현하기 ● 활동 2. 흉내 내는 말 스무고개 놀이하기 ● 평가 흉내 내는 말로 줄거리 표현하기	Chrome 뮤직 랩

교과	국어, 통합(겨울)	학년 학기	초등 2학년 2학기
차시	1~2차시	학생 수	25
단원	3. 말의 재미를 찾아서 2. 겨울 탐정대의 친구 찾기		
배움 목표	· 다양한 말놀이로 우리말의 재미를 표현한다. · 동물의 특징을 탐구한다.		
성취기준	· [2국05-01] 느낌과 분위기를 살려 그림책, 시나 노래, 짧은 이야기를 들려주거나 듣는다. · [2국05-03] 여러 가지 말놀이를 통해 말의 재미를 느낀다. · [2슬08-04] 동식물의 겨울나기 모습을 살펴보고, 좋아하는 동물의 특성을 탐구한다.		

차시	주제	교수학습활동	자료 및 유의점
1 차시	그림책 읽기	· 그림책의 내용 읽고 이야기 나누기 · 글이 없는 그림책과 글이 있는 그림책 내용 비교하기	🗀 자료[Google 사이트 도구] [QR 코드] 🔍 [Google 사이트 도구]–[온라인에서 책 읽기]
		· 등장인물의 특징을 그림글자로 표현하기	🔍 [클래스툴]–[화이트보드] · 화이트보드 기능으로 양식 공유하여 작성하기 · 그림글자는 글자와 그림이 결합되어 의미가 직관적으로 잘 드러나도록 제시 🗀 자료[그림글자] 슈우우웅 · 펜이 있는 기기의 경우 펜을 이용하여 그림글자 표현하기
2 차시	말 리듬 놀이하기	· 줄거리를 흉내 내는 말과 말 리듬으로 표현하기 · 흉내 내는 말 스무고개 놀이하기	🔍 [Chrome 뮤직 랩]–[송 메이커] · 그림책의 요약한 줄거리를 송 메이커를 활용하여 익숙한 노래에 맞춰 말 리듬으로 표현하기 🗀 자료[줄거리 표현]

차시	주제	교수학습활동	자료 및 유의점
2 차시			· 동작, 소리를 흉내 내는 말을 포함하 여 스무고개 놀이하기 🔍 [클래스툴]-[화이트보드] · 화이트보드 기능으로 양식 공유하여 작성하기

✛ 에듀테크 활용 교수학습 평가 계획

차시	교수학습활동	평가내용	평가 방법
1차시	활동 1. 그림책 읽기 활동 2. 등장인물의 특징 그림글자로 표현하기	· 등장인물의 특징 표현하기 · 등장인물의 특징을 흉내 내는 말 및 그림 글자를 포함하여 [클래스툴]-[화이트보드] 에 제출하기 · 게시한 내용 발표하기	보고서 상호평가
2차시	활동 1. 흉내 내는 말과 말 리듬으로 줄 거리 표현하기 활동 2. 흉내 내는 말 스무고개 놀이 하기	· 줄거리 표현하기 · [Chrome 뮤직 랩]-[송 메이커]를 활용하 여 흉내 내는 말을 포함하여 줄거리 표현 하기	자기평가 동료평가

✛ 에듀테크 활용 방법

1) 자료 모음

📁 자료[교수학습 자료 모음 사이트]

2) Chrome 뮤직 랩 – 송 메이커

Chrome 뮤직 랩의 송 메이커는 즉석에서 음악을 만들 수 있는 도구입니다. 이 수업에서는 학생들이 잘 알고 있는 "원숭이 엉덩이는 빨개"라는 노래를 송 메이커로 만들어진 노래의 반주에 맞춰 그림책의 줄거리를 말 리듬으로 요약하는 활동으로 활용하였습니다.

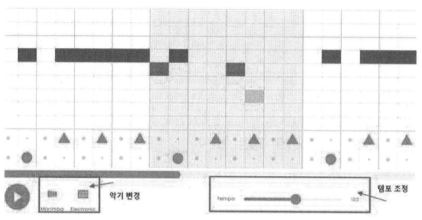

[Chrome 뮤직 랩]-[송 메이커] 말 리듬 표현하기

[캔바]-[프레젠테이션] 줄거리 표현하기

3) 클래스툴

클래스툴은 학생들이 접속하면 교사로부터 수업 자료, 링크, 파일 등을 쉽게 안내받고 상호작용하며 수업에 참여할 수 있습니다. 여러 도구에 접근이 어려울 수 있는 저학년 수업에 유용하여 이 수업에서는 웹 링크로 자료 전송, 화이트보드로 활동 참여 및 공유 기능으로 활용하였습니다.

흉내내는 말을 넣어 그림글자 만들기

이름:

그림책에 나온 동물들의 움직임이나 소리를 흉내내는 말을 넣어 그림과 함께 나타내 보세요.

공이 두더지에게 쿵!

흉내내는 말로 스무고개 놀이하기

이름

등장인물 중 한 동물을 선택하여 흉내내는 말을 포함하여 스무고개를 해보아요.

깡총깡총 달립니까?
아니요
다그닥 달립니까?
네
꿀꿀 소리를 냅니까?
아니요
히이잉 소리를 냅니까?
네

[클래스툴]-[화이트보드] 그림글자 만들기　　[클래스툴]-[화이트보드] 스무고개 놀이하기　　[클래스툴] 수업 활용 방법

Google 사이트 도구[Google Sites]를 이용한 체육 표현활동

교사 **경기 호수초 홍영택**

✛ 에듀테크

» 주 활용 에듀테크: **Google 사이트 도구**[Google Sites]
» 연계 활용 에듀테크: **유튜브**[YouTube], **클래스툴**[ClassTool], **웨일 스페이스**[Whalespace], **패들렛**[Padlet], **블로**[VLLO], **Google 설문지**[Google Forms]

✛ 교수학습 단원 체육 4-1-4. 표현활동[소고춤]

✛ 에듀테크 활용 교수학습 개요

이 수업에서는 Google 사이트 도구를 이용해 체육 표현활동을 학생 중심의 수업으로 구성하여, 자기관리 능력, 의사소통 능력 및 공동체 역량을 길러주는 데 초점을 맞췄습니다. Google 사이트 도구와 유튜브 연계로 제작된 내용을 웨일 스페이스를 통해서 공유 및 관리를 했습니다. 또한 학생들이 웨일북과 블로를 활용하여 스스로 기획하고 촬영, 편집하여 결과물을 완성하였습니다. 완성된 결과물을 패들렛 등 보드 자료를 활용하여 모두와 공유 및 의견을 나누는 시간을 가졌습니다.

✛ 에듀테크 활용 환경

» **대상**: 학년 (초 4), 학생 수 (28)
» **교실 인프라 환경**: 교사 (웨일북, TV, PC), 학생 (웨일북 28대, 태블릿PC 6대)

✛ 에듀테크 활용 교수학습 과정

	세부활동	에듀테크 도구
1~2차시	● 활동 1. 소고 기본 명칭 및 연주법 알기 ● 활동 2. 다양한 소고춤 영상을 보며 동작 알아보기 ● 활동 3. 모둠별 회의하기 ● 평가 소고 기본 연주법 및 영상 내용 질의응답, 관찰평가 실시	Google 사이트 도구 유튜브 웨일 스페이스
3~5차시	● 활동 1. 모둠별 곡 선정하기 ● 활동 2. 곡의 특징에 맞게 소고춤 창작하기 ● 활동 3. 창작한 소고춤 안무 연습하기	패들렛 웨일 스페이스 유튜브

| 6~8차시 | • 활동 1. 소고춤 영상 촬영하기
• 활동 2. 소고춤 영상 편집 및 업로드하기
• 활동 3. 소고춤 발표회 및 평가하기
• 평가 모둠별 자기평가 및 상호평가 / 영상 제작 과정 중심 관찰평가 실시 | 클래스툴
블로
패들렛
웨일 스페이스
Google 설문지 |

✛ 에듀테크 활용 교수학습 설계

교과	체육	학년 학기	초등 4학년 1학기
차시	1~8차시	학생 수	28
단원	4. 리듬표현(소고춤)		
배움 목표	·모둠별로 정한 곡에 맞게 소고춤 동작을 창작하여 발표해 봅시다.		
성취기준	·[4체04-05] 신체활동에 나타나는 리듬의 유형과 요소를 탐색한다. ·[4체04-07] 개인 또는 모둠별로 리듬에 따른 다양한 동작을 구성하여 작품을 만들어 발표하고 이를 감상한다.		

차시	주제	교수학습활동	자료 및 유의점
1~2 차시	소고 기본 명칭 및 연주법 알기	·Google 사이트 도구 & 유튜브 활용하여, 소고 기본 명칭 및 연주법 알아보기	🔍 [웨일 스페이스]-[수업 관리] ·수업관리 활용하여 학생 1인 1기기 활용 및 관리 용이
	다양한 소고춤 영상을 보며 동작 알아보기	·Google 사이트 & 유튜브 활용하여, 다양한 소고춤 동작 알아보기 ·자신이 표현하고 싶은 동작 기억해 두기	🔍 [Google 사이트 도구]-[유튜브 연계] ·학습목표, 활동, 활동에 필요한 자료 등을 정리한 Google 사이트 도구를 제작하여 학생들 스스로 학습을 위해 제공
	모둠별 회의하기	·모둠을 확인하고 모둠별 회의 실시하기 ·자신이 표현하고 싶은 동작 돌아가며 발표하고 확인하기 ·개인 기기 활용하여 동작 소개 활동 하기	🔍 [웨일북]-[화면 필기] ·화면 필기 기능을 활용하여 자신이 선택한 동작 모둠원에게 발표하기
3~5 차시	모둠별 곡 선정하기	·모둠별로 회의 과정을 거쳐 곡 선정하기	🔍 [패들렛]-[보드] ·패들렛에 모둠별로 선택한 곡과 발표하는 부분 표시하여 업로드하기 (교사가 음원 파일을 준비하기 용이함)

차시	주제	교수학습활동	자료 및 유의점
3~5 차시	곡의 특징에 맞게 소고춤 창작하기	· 유튜브 활용, 해당하는 곡의 다양한 안 무를 참고하여 소고춤과 결합해 보기 · 모둠별로 회의하여 소고춤 안무 창작 하기	
	소고춤 안무 연습하기	· 영상 제작을 위하여 소고춤 안무 연습하기	
6~8 차시	소고춤 영상 촬영하기	· 준비된 음원 파일 활용하여 소고춤 연 습하기 · 웨일북 혹은 태블릿PC 활용하여 소고 춤 영상 촬영하기	· 태블릿PC를 활용한 촬영의 경우 촬영 동선이 필요하지 않은 한 거치한 후 촬 영하기
	소고춤 영상 편집 및 업로드 하기	· 블로 애플리케이션 활용하여 소고춤 영상 편집하기 · 완성된 영상 업로드하기	🔍 [블로]-[동영상 편집] · 블로를 활용하여 학생들이 촬영한 영 상을 스스로 편집하기 · 블로 앱 사용 방법은 간단한 유튜브 영 상을 웨일 스페이스 등을 통해 배포하기
	소고춤 발표회 실시 및 평가 하기	· 완성된 모둠별 소고춤 영상 감상하기 · Google 설문지 활용하여 모둠별 자 기평가&상호평가 진행하기	🔍 [Google 설문지]-[설문 도구] · Google 설문지를 활용하여 학생 개인 마다 모둠원 자기평가 및 상호평가를 진행하기

+ 에듀테크 활용 교수학습 평가 계획

차시	교수학습활동	평가내용	평가 방법
1~2 차시	활동 1. 소고 기본 명칭 및 연주법 알기 활동 2. 다양한 소고춤 영상을 보며 동작 알아보기	· [Google 사이트 도구]-[유튜브] 활용 · 배포된 Google 사이트 도구 및 유튜브를 활 용하여 스스로 소고 명칭 및 연주법 알기 · Google 사이트 도구 및 유튜브 활용하여 다양한 소고춤 동작 알기	서술형 평가 (질의응답) 관찰평가
8차시	활동 1. 소고춤 발표회 실시 및 감상 하기	· 소고춤 발표회 실시 및 감상하기 · [패들렛]-[보드] 활용하여 다른 모둠의 소 고춤 감상하기 감상 태도 등 관찰평가 실시하기 · Google 설문지 도구를 활용하여 모둠 활동 중 과정중심 평가하기 · 자신 모둠원에 대한 상호평가 실시하기 (참여도 / 기여도 등) · 모둠 활동에 대한 자기평가 실시하기(참여도 / 기여도 등)	자기평가 상호평가 관찰평가

1) Google 사이트 도구

'Google 사이트 도구'를 활용하여 학생들은 1인 1기기를 통해 스스로 해당 부분을 학습하고, 익숙하지 않았을 때 몇 번이고 돌려보면서 자기관리 능력을 기를 수 있습니다. 교사는 해당 수업 전 미리 사이트 도구를 만들고 수업 중에는 배포한 뒤 순회지도하며 학생 개개인을 살펴볼 수 있습니다.

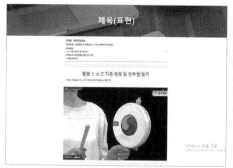

[Google 사이트 도구]
성취기준에 맞게 수업용 사이트 제작하기

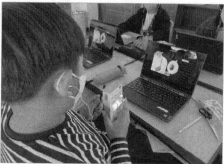

[Google 사이트 도구] **교사가 제작한 사이트 확인하고 스스로 학습하기**

2) 웨일 스페이스

웨일 스페이스를 통해 학생 및 교사의 계정을 발급받고, 이를 활용하여 교사 계정의 PC로 학생 계정의 PC들을 관리할 수 있습니다. 또한 수업관리 탭과 연결하여 학생들 기기로 사이트를 보내주거나 발표를 시키는 등의 활용이 가능합니다. 클래스툴 역시 학생들에게 별도의 로그인 과정 없이 누구나 참여할 수 있는 PC관리 앱입니다. 마찬가지로 탭 전송, 주의집중 등 다양한 기능 활용이 가능합니다.

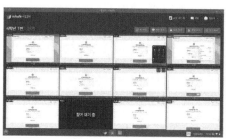

[웨일 스페이스]-[수업관리] **수업관리 기능 활용하여 수업 참여 및 진행하기**

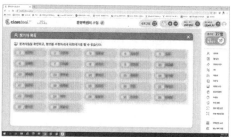

[클래스툴]-[참가자]
클래스툴 활용하여 학생 수업 관리하기

3) 패들렛

[패들렛]-[보드]는 별도의 로그인 과정 없이 URL 혹은 QR코드 생성으로 학생들이 더욱 편하게 접속하여 파일을 다운로드 및 업로드, 의견을 주고받을 수 있는 보드입니다. 이를 활용하여 본 수업에서는 학생들은 교사가 다운로드해 주기를 원하는 음원과 시간을 업로드했습니다. 또한 모둠별로 편집을 통해 완성한 소고춤 파일을 업로드하여 모두와 발표회를 진행하였습니다.

[패들렛]-[보드]
모둠별 자료 제작 과정 및 결과물 제출하기

[블로]-[동영상 편집] **모둠별 동영상 촬영 및 편집하기**

4) Google 설문지 도구

Google 설문지 도구는 별도의 로그인 없이 주어진 URL 혹은 QR코드로 다수의 학생에게 설문을 진행하고 통계를 파악하기 쉬운 에듀테크 도구입니다. 본 단원 정리 차시에서 학생들은 자기평가와 모둠원에 대한 상호평가를 하여, 교사가 관찰하지 못한 다양한 부분들의 평가에 참고하도록 해당 도구를 활용하였습니다.

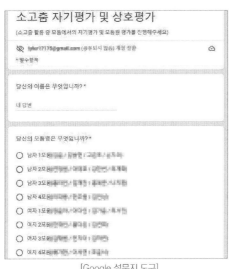

[Google 설문지 도구]
학생 자기평가 및 상호평가 실시하기

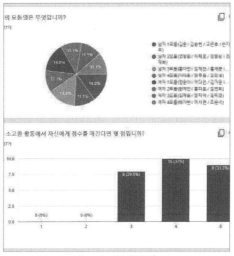

[Google 설문지 도구]
학생 자기평가 및 상호평가 결과 확인하기

제페토[ZEPETO]를 이용한 의상 디자인하기

교사 **경기 연천왕산초 한의표**

✛ 에듀테크

≫ 주 활용 에듀테크: **제페토**[ZEPETO]

≫ 연계 활용 에듀테크: **미리캔버스**[Miricanvas], **이비스페인트**[Ibis Paint], **메디방페인트**[Medibang Paint], **Google 지도**[Google Maps]

✛ 교수학습 단원 국어 5-2-5. 여러 가지 매체 자료, 미술 5-2. 시각디자인[5학년, 미래엔]

✛ 에듀테크 활용 교수학습 개요

이 수업에서는 시각디자인이 주는 효과와 다양한 사례에 대해 살펴보고 학생들이 직접 시각디자인의 효과를 고려하여 자신의 작품을 만드는데 초점을 두도록 합니다. 이 과정에서 단순히 포스터 또는 표어를 그리는 것이 아니라 ESG(Enviroment, Social, Governance) 경영에 대해 살펴보고 Patagonia 와 같은 기업이 친환경 활동을 하기 위해 어떠한 의상을 디자인하는지도 살펴봅니다. 이후 메타버스 플랫폼인 제페토의 디자인 스튜디오를 활용하여 나의 아바타에 의상을 직접 제작하여 입혀보는 활동을 통하여 직접 디자이너가 되어보기도 합니다. 마지막으로 이러한 활동 속에서 시각디자인의 효과를 고려하여 자신만의 작품을 만들고 이러한 결과물을 바탕으로 학교 및 고장에서 실천할 수 있는 사례에 대해 생각해보고 실천하는 것을 목표로 합니다.

✛ 에듀테크 활용 환경

≫ **대상**: 학년 (초 5), 학생 수 (10)

≫ **교실 인프라 환경**: 교사 (PC, TV), 학생 (크롬북/태블릿PC 10대)

✛ 에듀테크 활용 교수학습 과정

	세부활동	에듀테크 도구
1~2차시	● 활동 1. 시각디자인의 의미와 효과 ● 활동 2. 우리 주변의 시각디자인 ● 활동 3. ESG 경영에 대해 배우기 ● 활동 4. 우리 학교에서 필요한 시각디자인 ● 평가 간단한 픽토그램으로 시각디자인 만들기	패들렛 오토드로우

	세부활동	에듀테크 도구
3~4차시	● 활동 1. 제페토 디자인 스튜디오 접속하기 ● 활동 2. 제페토 도안에 디자인하기 ● 활동 3. 제페토 아바타에 디자인 의상 입혀보기	제페토 미리캔버스 이비스페인트 메디방페인트
5~6차시	● 활동 1. 패들렛을 통해 의상 공유하기 ● 활동 2. 자신의 의상에 대해 발표하기 ● 활동 3. 우수 대표 의상 선정하기 ● 활동 4. 우리가 실천할 수 있는 활동 구상하기	패들렛 Google 프레젠테이션
7~8차시	● 활동 1. 완성된 의상을 통해 실천 활동하기	

✛ 에듀테크 활용 교수학습 설계

교과	미술, 국어, 창체	학년 학기	초등 5학년 2학기
차시	1~8차시	학생 수	10
단원	8. 시각디자인 5. 여러 가지 매체 자료		
배움 목표	·시각디자인의 의미와 효과를 이해하고 설명할 수 있다. ·실생활에 필요한 시각디자인을 직접 디자인 할 수 있다. ·시각디자인을 활용한 의상을 디자인하여 디자이너로서의 활동을 체험한다. ·ESG 경영을 참고하여 디자인을 활용한 실천 활동을 수행한다.		
성취기준	·[6미01-03] 이미지가 나타내는 의미를 찾을 수 있다. ·[6미01-04] 이미지를 활용하여 자신의 느낌과 생각을 전달할 수 있다. ·[6미02-03] 다양한 자료를 활용하여 아이디어와 관련된 표현을 구체화 할 수 있다. ·[6국01-04] 자료를 정리하여 말할 내용을 체계적으로 구성한다. ·[6국01-05] 매체 자료를 활용하여 내용을 효과적으로 발표한다. ·[6국03-02] 목적이나 주제에 따라 알맞은 매체를 선정하여 글을 쓴다.		

차시	주제	교수학습활동	자료 및 유의점
1 차시	시각 디자인의 의미와 효과	·시각 디자인의 의미에 대해 알기 ·유명한 시각 디자인의 사례와 의미 알기	·미술 교과서의 시각 이미지 관련 내용 수업하기 ·픽토그램 구글 이미지 활용하기 ·대표적인 픽토그램에 관하여 이야기 나눠보기 ·픽토그램 제작 이유, 유래 등

차시	주제	교수학습활동	자료 및 유의점
1 차시	우리 주변의 시각 디자인	· 우리 주변에서 볼 수 있는 픽토그램을 검색해서 찾아보기 · 학교와 집 주변에서 볼 수 있는 픽토그램 찾아보기	🔍[Google 지도] · Google 지도 검색을 통해 스트리트 뷰에서 픽토그램 찾아보기
2 차시	ESG 경영이란 무엇일까요?	· ESG 경영이 무엇인지 알아보기 · ESG 경영이 왜 필요한지 알아보기 · ESG 경영을 실천중인 기업 사례 소개하기	· Patagonia 회사에서 진행한 다양한 환경 캠페인 자료 소개하기
	우리 학교에 필요한 시각디자인	· 우리 학교에서 픽토그램이 더 필요한 곳이 없는지 찾아보기 · 시각디자인을 새롭게 디자인하여 설치하면 좋은 장소를 찾아보기	🔍[패들렛] · 패들렛 게시판에 자신이 완성한 작품과 의미 등을 공유하기 🔍[오토드로우] · 픽토그램을 쉽게 그릴 수 있게 인공지능이 완성을 도와주는 오토드로우 사이트의 도움받기
3~4 차시	제페토 디자인 스튜디오 살펴보기	· 제페토 프로그램 설치하기 · 제페토 디자인 스튜디오 살피기 · 다양한 아이템 살펴보기	🔍[제페토] · 모바일 또는 태블릿PC에서 제페토 앱 다운로드하기 · 디자인 스튜디오를 살펴보고 디자인 아이디어 떠올리기
	제페토 도안에 디자인하기	· 의상 도안 다운로드하기 · 미리캔버스로 디자인하기 · 메디방페인트 또는 이비스페인트로 디자인 하기	🔍[제페토] · 디자인 스튜디오의 아이템에서 원하는 도안 다운로드하기 🔍[미리캔버스] · 여러 디자인 요소를 배치만으로 쉽게 도안을 꾸밀 수 있음 (처음 접하는 학생들에게 권장) 🔍[메디방 또는 이비스 페인트] · 디지털 드로잉 앱을 활용하여 직접 그려서 디자인 가능 (드로잉을 잘 할 경우 권장)
	제페토 아바타에 의상 입혀보기	· 나의 아바타에 의상 입히기	🔍[제페토] · 내 아이템 창을 통해 내가 만든 디자인 옷 입혀보기

차시	주제	교수학습활동	자료 및 유의점
5~6 차시	패들렛을 통해 의상 공유하고 발표하기	· 패들렛에 아바타가 입은 의상 사진 찍어 올리기 · Google 프레젠테이션 발표 자료로 자신의 의상 설명하기	🔍 [패들렛] · 아바타 사진을 올리고 패들렛의 투표 기능을 활용하여 투표 🔍 [Google 프레젠테이션] · 디자인을 설명할 PPT 발표하기
	우수 대표 의상 선정 후 활동 구상하기	· 학생자치회 또는 수학 그래프 단원 등과 연계하여 설문하기 · 선정된 의상을 바탕으로 할 수 있는 캠페인 활동 구상하기	🔍 [Google 설문지] · Google 설문지로 우수 투표하기
7~8 차시	완성된 디자인으로 캠페인 활동하기	· 의상, 도구, 악세사리 등 디자인 한 물건을 활용하여 캠페인 활동 실시하기	· 실제로 주문 제작한 아이템으로 캠페인 활동해 보기

✛ 에듀테크 활용 교수학습 평가 계획

차시	교수학습활동	평가내용	평가 방법
1~2 차시	활동 1. 시각디자인의 의미와 효과 활동 2. 우리 주변의 시각디자인 활동 3. ESG 경영에 대해 배우기 활동 4. 우리 학교에서 필요한 시각디자인	· 우리 학교의 다양한 공간을 살펴보고 필요한 나만의 시각디자인 픽토그램 완성하기 · [패들렛]에 게시한 내용 발표하기	동료평가 상호평가
3~4 차시	활동 1. 제페토 디자인 스튜디오 접속하기 활동 2. 제페토 도안에 디자인하기 활동 3. 제페토 아바타에 디자인 의상 입혀보기	· 의상 디자인 하기 · [제페토]를 활용하여 시각 디자인의 요소를 포함한 의상 완성하기	실기평가
5~6 차시	활동 1. 패들렛을 통해 의상 공유하기 활동 2. 자신의 의상에 대해 발표하기 활동 3. 우수 대표 의상 선정하기 활동 4. 우리가 실천할 수 있는 활동 구상하기	· 완성한 디자인 발표하기 · 각자 디자인한 의상의 내용에 대한 발표를 바탕으로 [Google 설문지]로 투표하기	자기평가 동료평가
7~8 차시	활동 1. 완성된 의상을 통해 실천활동 하기	· 친환경 캠페인 실시하기 · 완성한 의상을 착용하고 친환경 달리기, 플로깅 등 실시하기	관찰평가

1) 제페토

제페토는 한국에서 개발한 메타버스 플랫폼으로 가상의 세계에 접속하여 나를 대신하는 아바타를 통해 다양한 활동을 할 수 있습니다. 제페토 디자인 스튜디오에서는 상의, 하의, 모자 등 아바타와 관련된 다양한 패션 아이템의 도면을 다운로드해서 직접 디자인하고, 아바타에 착용 시켜본 뒤 판매까지 가능합니다.

제페토의 다양한 아바타들

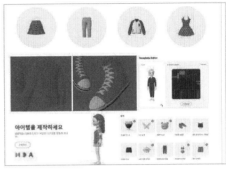

제페토 디자인 스튜디오

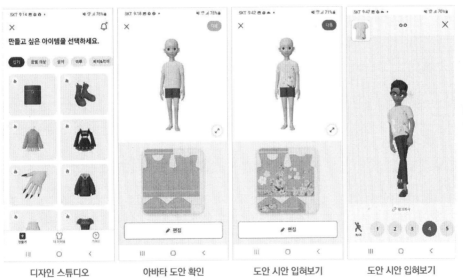

| 디자인 스튜디오 | 아바타 도안 확인 | 도안 시안 입혀보기 | 도안 시안 입혀보기 |

메타 퀘스트[Meta Quest]를 이용한 체험학습

교사 **경기 연천왕산초 한의표**

➕ 에듀테크

» 주 활용 에듀테크: **메타 퀘스트**[Meta Quest]
» 연계 활용 에듀테크: **Google 지도**[Google Maps], **띵커벨**[ThinkerBell], **내셔널지오그래픽 VR 여행 시리즈** [National Geographic Youtube]

➕ 교수학습 단원 국어 5-2-4. 겪은 일을 써요, 사회 6-2-1. 세계 여러 나라의 자연과 문화

➕ 에듀테크 활용 교수학습 개요

이 수업에서는 VR 기기의 대표인 메타 퀘스트를 활용하여 일반적으로 학생들이 경험하기 어려운 세계 각국의 특별한 지역을 경험하고, 해당 경험 내용을 수업과 연계하여 진행합니다. 본 교수학습 설계안에서는 국어 및 사회 시간에 주로 활용을 하지만, 다른 교과의 수업에도 다양하게 연계하여 활용할 수 있습니다. 메타 퀘스트에서는 내셔널지오그래픽 다큐멘터리 채널에서 제공하는 다양한 장소를 체험할 수 있는데 그중에서도 남극과 마추픽추는 실제로 이동하는듯한 경험이 가능합니다. 해당 기기를 착용한 학생은 남극 빙하 사이에서 카누를 직접 저어가며 여행을 할 수 있고 얼음 암벽등반도 체험하며 숙박용 텐트를 정비하는 체험도 가능합니다. 남극 여행의 마지막에서 학생들은 남극 하늘을 수놓은 오로라와 수천 마리의 황제펭귄이 이동하는 장관을 구경할 수 있습니다. 본 설계안에서는 국어, 사회 과목과 연계하여 이 남극 체험학습을 활용하였습니다.

➕ 에듀테크 활용 환경

» **대상**: 학년 (초 5), 학생 수 (10)
» **교실 인프라 환경**: 교사 (PC, TV), 학생 (크롬북/태블릿PC 10대, 메타 퀘스트 10대]

➕ 에듀테크 활용 교수학습 과정

	세부활동	에듀테크 도구
1~2차시	● 활동 1. Google 지도를 통한 세계지도 살펴보기 ● 활동 2. 스트리트 뷰로 세계 지역 둘러보기 ● 활동 3. 메타 퀘스트 VR 360도 여행 시청하기 ● 활동 4. 남극지역의 생태계에 대해 알아보기 ● 평가 세계의 다양한 자연환경에 따른 사람들의 의식주 모습 정리하기	Google 지도 메타 퀘스트 360VR 띵커벨 퀴즈

| 3~4차시 | ● 활동 1. 메타 퀘스트로 남극 체험하기
● 활동 2. 남극 체험에서 찍은 사진 정리하기
● 활동 3. 보고 느낀 점을 바탕으로 감상문 쓰기
● 평가 여행의 여정에 따라 감상문 쓰기 | 메타 퀘스트
VR Explore 남극 |

✛ 에듀테크 활용 교수학습 설계

교과	국어, 사회	학년 학기	초등 5학년 2학기
차시	1~4차시	학생 수	10
단원		4. 겪은 일을 써요 1. 세계 여러 나라의 자연과 문화	
배움 목표		·세계 여러 나라의 도시와 명소에 관하여 체험하고 문화를 알 수 있다. ·세계 5대양 6대륙의 자연환경에 따른 삶의 모습을 알 수 있다. ·남극대륙의 생태계에 공부하고 배운 내용을 바탕으로 체험할 수 있다. ·여행의 여정에 맞추어 보고 듣고 느낀 점을 감상문으로 쓸 수 있다.	
성취기준		·[6사07-01] 세계지도, 지구본을 비롯한 다양한 형태의 공간 자료에 대한 기초적인 내용과 활용 방법을 알고, 이를 실제 생활에 활용한다. ·[6사07-02] 여러 시각 및 공간 자료를 활용하여 세계 주요 대륙과 대양의 위치 및 범위, 대륙별 주요 나라의 위치와 영토의 특징을 탐색한다. ·[6사07-03] 세계 주요 기후의 분포와 특성을 파악하고, 이를 바탕으로 하여 기후 환경과 인간 생활 간의 관계를 탐색한다. ·[6국03-01] 쓰기는 절차에 따라 의미를 구성하고 표현하는 과정임을 이해하고 글을 쓴다. ·[6국03-05] 체험하는 일에 대한 감상이 드러나게 글을 쓴다.	

차시	주제	교수학습활동	자료 및 유의점
1 차시	Google 지도를 통한 세계지도 살펴보기	·Google 지도로 세계지도 보기 ·지구본과 세계지도의 차이점을 살펴보며 5대양 6대륙의 위치를 살펴보기	🔍 [Google 지도] ·세계지도와 지구본의 차이점을 발표해 보도록 할 것
	스트리트 뷰로 세계 지역 둘러보기	·스트리트 뷰로 세계의 특색있는 랜드마크 살펴보기 ·스트리트 뷰로 대륙과 바다의 특징을 살펴보기	🔍 [Google 지도] ·대한민국의 불국사, 중국의 만리장성, 파리의 에펠탑, 일본의 오사카성 등 특색있는 장소 보기 ·사막에 세워진 이집트, 수상가옥이 많은 라오스, 고산 지대의 에콰도르 등 환경의 특징이 확실한 곳 보기

차시	주제	교수학습활동	자료 및 유의점
2 차시	메타 퀘스트 VR 360도 여행 시청하기	· YouTube 360도 영상을 통하여 명소 체험하기 · National Geography에서 제작한 다큐멘터리 영상 시청하기	🔎 [메타 퀘스트] & [YouTube] · 메타 퀘스트로 360도 영상 시청 · National Geography 다큐멘터리 360도 영상 시청하기 · 메타 퀘스트를 카드보드로 대체 할 수 있으나 장기간 시청 금지
	남극 지역의 생태계에 대해 알아보기	· Google 스트리트 뷰와 Youtube 영상으로 남극 지역 살펴보기 · 남극의 자연환경과 동·식물들의 모습을 살피며 정리해보기	🔎 [Google 지도] · 스트리트 뷰로 남극 지역 살펴보기 · 남극세종기지와 관련된 영상 살펴보기 🔎 [띵커벨] · 남극 대륙에 관한 다양한 퀴즈를 띵커벨로 풀어보기
3~4 차시	메타 퀘스트로 남극 체험하기	· National Geographic Explore VR 실행하여 사용법 익히기 · 가이드의 안내에 맞추어 카누, 암벽등 반, 캠핑 등 실시하기 · 황제펭귄 만나기	🔎 [메타 퀘스트] · 체험학습 사용법 익히기 · 카메라 다루는 방법 알기 · 카누 노 젓기에 대해 알기 · 암벽등반 방법에 대해 알기
	남극 체험에서 찍은 사진 정리하기	· 사진 기능으로 찍은 여행 사진 확인 하기 · 찍은 사진 다운로드하는 방법 알기 · 다운로드한 여행 사진 정리하기	🔎 [메타 퀘스트] · 여행 중 카메라로 찍은 사진 앨범에서 확인하기 · 페이스북과 연동하여 사진 다운로드 하기 · 친구들과 베스트 포토그래퍼 등 선정하며 사진 감상하기
	보고 느낀 점을 바탕으로 감상문 쓰기	· 보고 듣고 느낀 점을 여정에 따라 감상문으로 쓰기	· 직접 찍은 사진들을 바탕으로 여정을 떠올리며 여행감상문 쓰기

+ 에듀테크 활용 교수학습 평가 계획

차시	교수학습활동	평가내용	평가 방법
1~2 차시	활동 1. 구글 지도를 통한 세계 지도 살펴보기 활동 2. 스트리트 뷰로 둘러보기 활동 3. 메타 퀘스트 VR 360도 여행 시청하기 활동 4. 남극 지역의 생태계에 대해 알아보기	· 세계의 다양한 자연환경에 따른 사람들의 의식주 모습 정리하기 · [띵커벨]을 통해 학생들이 탐험한 내용과 관계있는 문제 풀이하기	관찰평가 서술평가
3~4 차시	활동 1. 메타 퀘스트로 남극 체험하기 활동 2. 남극 체험에서 찍은 사진 정리하기 활동 3. 보고 느낀 점을 바탕으로 감상문 쓰기	· 여행의 여정에 따라 감상문 쓰기 · 여행 중 찍은 사진들을 시간의 순서에 따라 늘어놓고 여정에 따라 감상문 쓰기	관찰평가 서술형 평가

+ 에듀테크 활용 방법

1) Google 지도

Google 지도는 일명 '구글맵스'라고도 하는 구글의 대표적인 서비스입니다. 구글에서는 세계 각 지역의 정보를 수집하여 지도로 제공하는데, 이 지도는 단순한 2D 기반의 맵만 볼 수 있는 것이 아니라 지역의 다양한 정보를 제공합니다.

이번 수업에서는 '스트리트 뷰'를 활용하여 대륙 및 바다 등의 지역에서 사람들이 생활하는 자연환경을 탐색해 보는데 활용하였습니다.

Google 지도 스트리트 뷰에서 찾아본 남극대륙의 모습

메타 퀘스트는 META(구 페이스북)라는 기업에서 출시한 대표적인 VR HMD(Head Mounted Display) 기기입니다.

본 수업에서 학생들은 'National Geographic Explore VR' 앱을 통하여 체험을 진행하였습니다. 학생들은 남극을 여행하며 컨트롤러를 통해 여행 중 마음에 드는 장소의 사진을 찍을 수가 있습니다. 한국어 가이드가 함께하기 때문에 학생들이 큰 무리 없이 체험을 진행할 수 있습니다.

남극 체험 중 카누를 타는 모습

암벽등반을 체험하는 학생의 모습

황제펭귄 무리를 만나서 찍은 사진

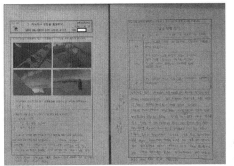

여행한 내용으로 학생이 작성한 감상문

3) Google 지도

유튜브 채널 중 'National Geographic' 채널을 검색하면 해당 채널에서 TV 다큐멘터리 프로그램을 촬영 중 여행한 다양한 지역이 영상으로 게시되어 있습니다. 일반 영상과 360도 영상을 다수 찾아볼 수 있도록 되어 있습니다.

YouTube National Geographic 채널의 모습

띵커벨[ThinkerBell] 토론을 활용한 장애인식개선 수업

교사 **경기 부명초 도현숙**
교사 **경기 안현초 허미주**

✛ 에듀테크

> 주 활용 에듀테크: **띵커벨**[ThinkerBell]
> 연계 활용 에듀테크: **투닝**[Tooning], **Google 프레젠테이션**[Google slides]

✛ 교수학습 단원 국어 5-2-3 의견을 조정하며 토의하기, 도덕 5-2-6 인권을 존중하며 함께 사는 우리, 미술 5-7 생활 속 시각 이미지[5학년, 지학사]

✛ 에듀테크 활용 교수학습 개요

이 수업에서는 띵커벨, 투닝을 활용하여 이야기 속 등장인물들의 문제 상황을 인식하고 등장인물들의 발야구 경기의 참여 방법에 대한 적절성을 토의와 토론을 통해 기준을 세워 평가하고자 합니다. 그 후 토의를 통해 해결 방안에 대한 새로운 아이디어를 구안합니다. 이러한 과정을 통해 서로의 다름을 이해하고 존중하는 방법을 찾으며 이야기 속 문제 상황을 학급 친구들과 적용할 방법을 찾는 것을 목표로 국어, 도덕, 미술 교과를 통합하여 각 교수학습 활동 특성에 적합한 에듀테크를 활용하고자 합니다.

✛ 에듀테크 활용 환경

> **대상**: 학년 (초 5), 학생 수 (25)
> **교실 인프라 환경**: 교사 (PC, TV), 학생 (크롬북/태블릿PC 25대)

✛ 에듀테크 활용 교수학습 과정

	세부활동	에듀테크 도구
1차시	● 활동 1. 그림책의 내용 파악하기 ● 활동 2. 문제 상황에 대한 해결 방안 토론하기 ● 활동 3. 문제 상황에 대한 해결 방안 평가 기준 세우고 모둠별 토의하기 ● 평가 제시된 주제에 대해 자신의 의견과 근거 작성하기	띵커벨
2차시	● 활동 1. 놀이(경기) 수정하는 방법 알기 ● 활동 2. 등장인물의 새로운 놀이 및 경기 수정 방안 모둠별 토의하고 카드 뉴스 만들기 ● 활동 3. 모둠별 카드 뉴스 발표하기 ● 평가 등장인물의 새로운 놀이 및 경기 수정 방안 구안하기	띵커벨 투닝

╋ 에듀테크 활용 교수학습 설계

교과	국어, 도덕, 미술	학년 학기	초등 5학년 2학기
차시	1~2차시	학생 수	25
단원	3. 의견을 조정하며 토의해요. 6. 인권을 존중하며 함께 사는 우리 7. 생활 속 시각 이미지		
배움 목표	· 문제 상황의 해결 방법에 대해 의견을 제시하며 토의한다. · 서로의 다름을 이해하고 존중하는 방법을 찾는다. · 모두 함께할 수 있는 새로운 경기 및 놀이에 대한 아이디어를 표현한다.		
성취기준	· [6국01-02] 의견을 제시하고 함께 조정하며 토의한다. · [6도03-01] 인권의 의미와 인권을 존중하는 삶의 중요성을 이해하고, 인권 존중의 방법을 익힌다. · [6미02-01] 다양한 발상 방법으로 아이디어를 발전시킬 수 있다.		

차시	주제	교수학습활동	자료 및 유의점
1 차시	그림책 읽기	· 그림책의 내용 파악하기	📁 자료[Google 사이트 도구] [QR 코드]
	토론하기	· '일부를 위해 놀이(경기)를 수정해야 할까?' 주제로 신호등 토론하기	🔎 [띵커벨]-[토의·토론]-[신호등] · 찬성(초록), 중립(노랑), 반대(빨강)로 나누어 의견과 근거를 적고 이야기 나누기 · 토론 전·후 혹은 의견과 근거를 적으며 생각의 변화 나누기
	문제 해결 방안의 평가 기준 세우기	· 발야구 경기 참여에 영향을 미치는 등장인물의 특징 이야기 나누기 · 문제 상황 해결 방안 마련을 위한 기준 세우기	🔎 [띵커벨]-[토의·토론]-[워드클라우드] · 워드클라우드에 그림책에 등장하는 인물들의 발야구 경기 참여 방안 평가하기 위한 적합한 기준 적기 · 친구들이 적은 기준 중 토의를 통해 적합한 기준 정하여 토의하기
2 차시	문제 해결 방안 구안하기	· 놀이 및 경기 수정하는 방법 알아보기 · 모둠별 등장인물의 새로운 놀이 및 경기 수정 방안 토의 후 카드 뉴스 만들기 · 모둠별 카드 뉴스 공유 및 발표하기 · 우리 반을 위한 놀이 및 경기 수정 방안 토의하기	🔎 [Google 프레젠테이션] 🔎 [투닝]-[카드뉴스] · 모둠별로 동물 친구들이 함께 할 수 있는 새로운 놀이 및 경기 수정 방안 토의 후 투닝에서 카드 뉴스 만들기 🔎 [띵커벨]-[보드]-[그룹형] · 토의 결과 보드에 게시하기

차시	교수학습활동	평가내용	평가 방법
1차시	활동 1. 그림책의 내용 파악하기 활동 2. 등장인물의 해결 방안 토론하기 활동 3. 문제 해결 방법 평가 기준 세우고 모둠별 토의하기	· 제시된 주제에 대해 자신의 의견과 근거 작성하기 · 제시된 주제에 대해 [띵커벨]–[토의·토론]–[신호등]에 찬성, 중립, 반대로 나누어 의견과 근거 작성하기 · 제시된 주제로 토론하기	보고서 상호평가
2차시	활동 1. 놀이(경기) 수정하는 방법 알기 활동 2. 모둠별 새로운 놀이 및 경기 수정 방안 토의하고 카드 뉴스 만들기 활동 3. 모둠별 카드 뉴스 발표하기	· 새로운 놀이 및 경기 수정 방안 구안하기 · 모둠별 토의 내용을 [투닝]에 카드 뉴스로 만들기	포트폴리오

+ 에듀테크 활용 방법

1) 자료 모음

📁 자료[교수학습 자료 모음 사이트]

2) 띵커벨

띵커벨은 수업에서 학생들의 의견을 빠르게 모으고, 공유할 때 활용하는 도구입니다.
이 수업에서는 주제에 대한 학생들의 의견과 근거를 적어 학급 전체 학생들의 의견을 확인하거나 빠르게 다양한 의견을 취합하여 더욱 적극적으로 토의, 토론에 참여하도록 활용하였습니다.

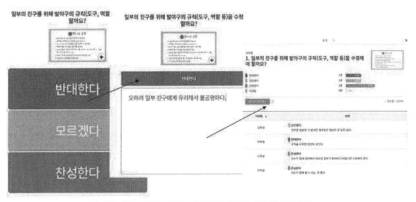

[띵커벨]–[토의·토론]–[신호등] 제시된 주제로 신호등 토론하기

그림책에서 동물 친구들이 발야구에 참여하기 위해
규칙을 수정한다면 어떠한 기준으로 수정하면 좋을
까요?

한명이 유리하면 안돼

특정인에게 유리하지 않은

모두가 할 수 있는   공정

공평하게 정정당당

어렵지 않은 쉽게 이해쉬운

쉬워야함 모두가 합의한

이전

[띵커벨]–[토의·토론]–[워드클라우드] 문제 해결 방법 기준 세우기

3) 투닝

투닝은 학생들이 그리기 능력의 격차 없이 참여 가능한 도구로 AI로 툰을 제작하기 용이합니다. 이 수업에서는 캐릭터, 요소, 인공지능을 활용한 표정 및 자세 추가 등을 활용하여 상황에 적합한 카드 뉴스를 만드는 도구로 활용하였습니다.

에듀테크로 역사 단원 뚝딱 정리하기

교사 **경기 솔터초 이서영**

✛ 에듀테크

» 주 활용 에듀테크: **캔바**[Canva], **클로바더빙**[CLOVA Dubbing]

» 연계 활용 에듀테크: **퀴즈앤**[QuizN], **디지털교과서**, **유튜브**[YouTube]

✛ 교수학습 단원 사회 5-2-1. 옛사람들의 삶과 문화

✛ 에듀테크 활용 교수학습 개요

이 수업은 단원의 마지막 차시 활동으로 캔바, 클로바더빙 등의 다양한 에듀테크 도구를 학생 스스로 활용하여 단원에서 배운 내용을 정리하도록 합니다. 디지털교과서를 활용하여 단원 전체의 수업을 진행한 후, 각 차시의 중요 내용을 간추리게 하여 캔바로 정리 자료를 제작합니다. 캔바로 제작한 정리 자료에 클로바더빙을 활용하여 부연 설명을 삽입하였고, 모둠별로 완성한 정리 영상을 퀴즈앤 보드에 공유합니다. 제작한 영상을 유튜브에 업로드하여 학생들의 성취감을 높이고 배운 내용을 반복하여 복습할 수 있도록 합니다.

✛ 에듀테크 활용 환경

» **대상**: 학년 (초 5), 학생 수 (24)

» **교실 인프라 환경**: 교사 (PC, TV), 학생 (크롬북 24대)

✛ 에듀테크 활용 교수학습 과정

	세부활동	에듀테크 도구
1차시	● 활동 1. 고려의 건국 과정 되돌아보기 ● 활동 2. 고려의 문화 및 생활 모습 되돌아보기 ● 활동 3. 각 차시 내용 정리하기 ● 평가 고려의 건국, 문화, 생활 모습 이해하기	디지털교과서 퀴즈앤
2차시	● 활동 1. 자료 제작 구상하기 ● 활동 2. 캔바로 자료 제작하기 ● 활동 3. 클로바더빙으로 영상 완성하기 ● 활동 4. 제작한 자료 발표 및 공유하기 ● 평가 제작 영상 퀴즈앤 및 유튜브에 공유하기	캔바 클로바더빙 퀴즈앤 유튜브

+ 에듀테크 활용 교수학습 설계

교과	사회	학년 학기	초등 5학년 2학기
차시	1~2차시	학생 수	24
단원	1. 옛사람들의 삶과 문화		
배움 목표	· 독창적 문화를 발전시킨 고려의 건국 과정, 문화 및 생활 모습을 정리해 봅시다.		
성취기준	· [6사03-03] 고려를 세우고 외침을 막는 데 힘쓴 인물(왕건, 서희, 강감찬 등)의 업적을 통하여 고려의 개창과 외침 극복 과정을 탐색한다. · [6사03-04] 고려청자와 금속 활자, 팔만대장경 등의 문화유산을 통하여 고려 시대 과학 기술과 문화의 우수성을 탐색한다.		

차시	주제	교수학습활동	자료 및 유의점
1 차시	고려의 건국 과정 되돌아보기	· 고려의 건국 과정 살펴보기 · 고려의 외세 침입에 대한 극복 과정 살펴보기	🔎 [디지털교과서]-[5-2 사회] 🔎 [퀴즈앤]-[SHOW] · QR이나 URL, PIN번호로 퀴즈쇼를 학생들에게 공유하기
	고려의 문화 및 생활 모습 되돌아보기	· 고려청자의 우수성 살펴보기 · 팔만대장경, 금속 활자의 우수성 살펴보기	
	차시의 중요 내용 정리하기	· 각 차시의 중요 내용 살펴보기 · 모둠별로 각 차시의 중요 내용 정리하기	· 모둠별로 단원의 차시를 적절하게 분배하여 각 모둠에서 해당 차시를 정리하도록 하기
2 차시	자료 제작 구상하기	· 모둠별로 자료 제작 방법 및 내용 구상·협의하기 · 제작을 위한 역할 정하기 · 제작 자료 콘티 작성하기	· 모둠별로 충분하게 협의하여 구상하도록 하기 · 더빙할 문장, 화면 등을 고려하여 자료 제작을 위한 콘티 작성하기
	캔바로 자료 제작하기	· 자료 제작을 위한 사진 및 그림 준비하기 · 캔바로 자료 제작하기 · 캔바 제작 자료를 PDF로 저장하기	· 모두가 참여할 수 있도록 모둠원이 역할을 나누어 제작하기 🔎 [캔바]
	클로바더빙으로 영상 완성하기	· 클로바더빙에서 PDF 불러오기 · 클로바더빙으로 음성 설명 제작하기	🔎 [클로바더빙]
	제작한 자료 발표 및 공유하기	· 제작한 자료 퀴즈앤에 게시하기 · 완성 영상을 유튜브에 게시하기 · 공유한 자료 발표 후 의견 나누기	🔎 [퀴즈앤]-[보드] 🔎 [유튜브]

+ 에듀테크 활용 교수학습 평가 계획

차시	교수학습활동	평가내용	평가 방법
1차시	활동 1. 고려의 건국 과정 되돌아보기 활동 2. 고려의 문화 및 생활 모습 되돌아보기 활동 3. 각 차시 내용 정리하기	· 고려의 건국, 문화, 생활 모습 이해하기 · 고려의 건국 과정, 문화 및 생활 모습 설명하기 · [퀴즈앤]-[SHOW]로 배운 내용 확인 및 정리하기	구술평가 서술형 평가
2차시	활동 1. 자료 제작 구상하기 활동 2. 캔바로 자료 제작하기 활동 3. 클로바더빙으로 영상 완성하기 활동 4. 제작한 자료 발표 및 공유하기	· 제작 영상 퀴즈앤 및 유튜브에 공유하기 · [캔바]와 [클로바더빙]으로 자료 제작하기 · 완성한 자료 [퀴즈앤]에 게시하기 · 완성한 영상 [유튜브]에 공유하기 · 공유한 게시물을 보고 의견 나누기	관찰평가 상호평가

+ 에듀테크 활용 방법

1) 클로바더빙

클로바더빙은 텍스트를 음성으로 바꾸어주는 서비스로 더빙 음성을 추가하여 음원 및 영상을 제작할 수 있습니다. 무료 플랜의 경우 프로젝트의 수, 글자 수 등의 제한이 있지만, 학생들의 경우 웨일스페이스 계정만 있다면 클로바더빙, 퀴즈앤 등의 프로그램을 제한 없이 사용할 수 있습니다. 클로바더빙은 동영상, PDF, 이미지 파일을 추가하여 영상을 제작할 수 있는데, 이번 수업에서는 캔바에서 제작한 자료를 PDF로 저장하여 사용하였습니다. 제작한 자료에 미리 구상한 대본을 입력하여 더빙을 추가한 후 영상 자료를 완성하였습니다.

[클로바더빙]-[PDF/이미지 추가] **프로젝트 생성하기**

[클로바더빙]-[다운로드]
더빙을 추가한 후 영상 파일로 다운로드 하기

2) 퀴즈앤

퀴즈앤은 퀴즈, 보드, 영상 내 퀴즈 등에 활용할 수 있는 국내 에듀테크 플랫폼입니다. 다른 선생님들께서 만들어 놓은 자료를 찾아보기에서 선택하여 사용할 수도 있으며, 직접 선생님들의 자료를 만들어 사용할 수도 있습니다. 만든 퀴즈는 링크, QR, PIN 번호 등으로 학생들에게 공유 가능하며, 과제로도 제시할 수 있습니다. 퀴즈앤은 더불어 담벼락, 방탈출, 챌린지 등의 다양한 형태의 보드를 제작하여 활용할 수 있습니다. 이번 수업에서는 디지털교과서를 통해 학습한 내용을 퀴즈쇼 실시간 게임 형태로 복습 활동을 운영하였으며, 중단원이 마무리될 때마다 보드에 자료를 게시하여 공유하는 데에 활용하였습니다.

[퀴즈앤]-[만들기]-[SHOW] 퀴즈 만들기
[퀴즈앤]-[만들기]-[Board] 보드 만들기

[퀴즈앤]-[SHOW]-[PLAY]
실시간 현장 플레이 실행하기

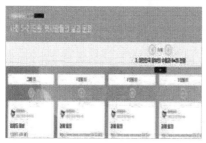

[퀴즈앤]-[My Board]
중단원별로 자료 게시 및 공유하기

3) 유튜브

유튜브는 직접 제작한 영상, 음원 등의 콘텐츠를 업로드하여 다른 사람들과 공유할 수 있는 플랫폼입니다. 이번 차시의 수업 자료뿐만 아니라 5학년 사회 교과의 역사 단원 전체를 중단원별로 학급 채널에 업로드하여 공유하였습니다. 반복적으로 재생하여 복습할 수 있도록 하였으며, 수업 결과물 포트폴리오로도 활용하였습니다.

[유튜브]-[동영상 업로드]
학급 채널에 동영상 게시하기

[유튜브]-[재생목록]
중단원별로 게시한 자료 공유하기

젭[ZEP]을 활용한 진로 탐색

교사 **경기 솔터초 이서영**

✛ 에듀테크

» 주 활용 에듀테크: **디지털교과서**

» 연계 활용 에듀테크: **젭**[ZEP], **퀴즈앤**[QuizN], **띵커벨**[ThinkerBell], **북 크리에이터**[Book Creator],
패들렛[Padlet]

✛ 교수학습 단원 실과 5-2-6. 나의 발견과 직업 탐색

✛ 에듀테크 활용 교수학습 개요

이 수업에서는 일과 직업의 중요성을 알아보고, 다양한 직업을 탐색하여 퀴즈앤, 띵커벨에 자신의 언어로 설명해 보고, 여러 가지 기준을 고려하여 선택한 직업에 대해 나의 특성을 고려하여 미래의 직접 지원서를 작성해 보고자 합니다. 젭이라는 메타버스 공간에서 나의 아바타가 직업 정보를 탐색하고, 메타버스 공간에서 미래 직업정보 및 미래 사회의 직업을 탐색합니다. 탐색을 통해 미래의 직업을 선택하고 직업 지원서를 북 크리에이터로 포트폴리오를 만들고, 메타버스 공간에 게시하여 발표하도록 설계하였습니다. 이 과정에서 학생들은 자연스럽게 나 자신을 이해하고 나에게 맞는 직업을 탐색하며 미래의 내 모습을 설계하고 실천할 수 있는 역량을 기르는데 중점을 두었습니다.

✛ 에듀테크 활용 환경

» **대상**: 학년 (초 5), 학생 수 (24)

» **교실 인프라 환경**: 교사 (PC, TV), 학생 (크롬북 24대)

✛ 에듀테크 활용 교수학습 과정

	세부활동	에듀테크 도구
1~2차시	● 활동 1. 일과 직업의 의미 알아보기 ● 활동 2. 일과 직업 구분하기 ● 활동 3. 일과 직업 통해얻는 것 조사 발표하기 ● 평가 일과 직업의 의미나 중요성을 예를 통해 설명하기	퀴즈앤
3~5차시	● 활동 1. 진로 흥미 탐색 검사하기 ● 활동 2. 유형별 특징 및 직업 탐색하기 ● 활동 3. 직업 선택 및 선택 이유 게시하기	젭 띵커벨

6~8차시	● 활동 1. 나의 특성에 맞는 다양한 직업 조사하기	젭
	● 활동 2. 미래의 직업 지원서 작성하기	북 크리에이터
	● 활동 3. 메타버스 공간에서 지원서 발표하기	패들렛
	● 평가 나의 특성에 맞는 직업 탐색하여 발표하기	

✛ 에듀테크 활용 교수학습 설계

교과	실과	학년 학기	초등 5학년 2학기
차시	1~8차시	학생 수	24
단원	2. 나의 발견과 직업 탐색		
배움 목표	· 나의 특성에 맞는 직업을 탐색한다.		
성취기준	· [6실05-01] 일과 직업의 의미와 중요성을 이해한다. · [6실05-02] 나를 이해하고 적성, 흥미, 성격에 맞는 직업을 탐색한다.		

차시	주제	교수학습활동	자료 및 유의점
1~2 차시	일과 직업의 의미 알아보기	· 일과 직업의 의미를 알아보고, 같은 점과 다른 점을 찾아보기	
	일과 직업 구분하기	· 직업이 아닌 일과 직업에 해당하는 것을 찾아보고 그 까닭 이야기해 보기	
	일과 직업 통해 얻는 것 조사 발표하기	· 나와 주변 사람들이 한 일을 일주일 동안 알아보기 · 일과 직업을 통해 얻는 것을 조사하여 퀴즈앤 보드에 정리하기 · 정리한 내용 발표하기	🔍 [퀴즈앤]-[보드]-[담벼락] · 일과 직업 통해 얻는 것 조사하여 퀴즈앤 보드에 기록하여 정리하기
3~5 차시	진로 흥미 탐색 검사하기	· 메타버스 공간에서 진로 흥미 탐색 검사를 하고, 흥미 유형 알아보기	🔍 [젭] · 젭 공간에 연결된 주니어 커리어넷 진로흥미탐색 검사 참여하기 · 흥미유형을 알아보고, 유형별 특성 및 추천 직업 알아보기
	유형별 특징 및 직업 탐색하기	· 메타버스 공간에서 자신의 흥미 유형별 특성 및 추천 직업 알아보기	

차시	주제	교수학습활동	자료 및 유의점
3~5 차시	직업 선택 및 선택 이유 게시하기	· 흥미유형별 추천 직업 중 1,2, 순위 직업 선택하기 · 1,2 순위 직업 선택과 선택 이유를 띵커벨 보드에 정리하기 · 정리한 내용 발표하기	🔍 [띵커벨]-[보드]-[담벼락] · 1, 2 순위 직업 선택 및 선택 이유 보드에 정리하기
6 차시	나의 특성에 맞는 다양한 직업 조사하기	· 메타버스 공간에서 주니어 직업 정보 탐색하기	🔍 [젭]-[주니어 커리어넷]-[직업정보]
		· 메타버스 공간에서 미래 직업정보 및 미래 사회의 직업 탐색하기	🔍 [젭]-[주니어 커리어넷]-[미래 사회의 직업]
7 차시	미래의 직업 지원서 작성하기	· 여러 가지 기준을 고려하여 선택한 직업에 대해 나의 특성을 고려하여 미래의 직업 지원서 작성하기	
		· 미래의 직업 지원서를 북 크리에이터로 작성하기	🔍 [북 크리에이터] · 북 크리에이터로 지원 포트폴리오를 e-Book으로 만들기
8 차시	메타버스 공간에서 지원서 발표하기	· 완성한 직업 지원서를 메타버스 공간에 게시하기 · 정리한 내용 발표하기	🔍 [젭]-[패들렛] · 완성한 직업 지원 포트폴리오 업로드

✦ 에듀테크 활용 교수학습 평가 계획

차시	교수학습활동	평가내용	평가 방법
1~2 차시	활동 1. 일과 직업의 의미 알아보기 활동 2. 일과 직업 구분하기 활동 3. 일과 직업 통해 얻는 것 조사 발표하기	· 일과 직업의 의미나 중요성을 예를 들어 설명하기 · 일과 직업을 통해 얻는 것을 조사하여 [퀴즈앤]-[보드]에 정리하기 · 정리한 내용 발표하기	보고서 상호평가 체크리스트
3~5 차시	활동 1. 진로 흥미 탐색 검사하기 활동 2. 유형별 특징 및 직업 탐색하기 활동 3. 직업 선택 및 선택 이유 게시하기	· 직업 선택의 이유 정리하기 · 1,2 순위 직업 선택과 선택 이유 [띵커벨]-[보드]에 정리하기 · 정리한 내용 발표하기	보고서 상호평가
6~8 차시	활동 1. 나의 특성에 맞는 다양한 직업 조사하기 활동 2. 미래의 직업 지원서 작성하기 활동 3. 메타버스 공간에서 지원서 발표하기	· 직업에 대해 나의 특성을 고려하여 미래의 직업 지원서 작성하기 · 미래의 직업 지원서를 [북 크리에이터]로 작성하기 · 완성한 직업 지원서를 메타버스 공간 [젭]-[패들렛]에 게시하기 · 게시한 내용 발표하기	보고서 상호평가 체크리스트

✦ 에듀테크 활용 방법

1) 젭

　　젭에서 학생들이 능동적으로 탐색하고 참여할 수 있는 진로흥미탐색 공간을 구성하여 주니어 커리어넷 진로흥미탐색 검사를 연결하였습니다. 학생들은 진로흥미탐색 검사를 참여 후 흥미 유형에 대해 알게 된 후, 해당되는 흥미 유형 공간으로 직접 이동하여 흥미 유형의 특성과 다양한 추천 직업을 탐색하도록 활용할 수 있습니다.

[젭] 진로흥미탐색 검사 참여하기

띵커벨 보드는 학급 학생 전체가 동시에 유형을 분류하여 기록하며 공유에 유용한 점을 활용하였습니다. 학생들은 나의 흥미유형에 적합한 다양한 직업을 탐색 후 나에게 적합한 직업 2가지를 골라 띵커벨 보드에 정리하였고 다른 친구들의 흥미유형이나 선택한 직업에 대해서도 탐색할 수 있습니다.

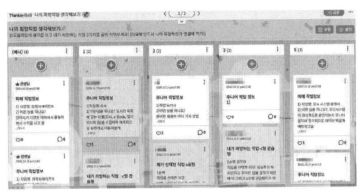

[띵커벨]-[보드]-[담벼락] **나의 희망직업 정리하기**

AI 스튜디오스를 활용한 뉴스 콘텐츠 제작 수업

교사 경기 고양오금초 황형준

╬ 에듀테크

» 주 활용 에듀테크: **AI 스튜디오스**[AI Studios]

» 연계 활용 에듀테크: **Google 클래스룸**[Google Classroom]

╬ 교수학습 단원 국어 6-2-4. 효과적으로 발표해요

╬ 에듀테크 활용 교수학습 개요

AI 스튜디오스는 방송 뉴스 제작을 도와주는 인공지능 에듀테크 도구입니다. 텍스트를 입력하면 가상 인간이 그것을 아나운서처럼 말하여 줍니다. AI 스튜디오스를 활용한 뉴스에 동영상 또는 이미지를 넣어 보다 사실적인 콘텐츠를 제작할 수 있습니다. 학생들은 자료를 체계적으로 구성하는 방법을 이해하고, 매체 자료를 활용한 후 효과적으로 발표하는 시간을 갖습니다.

╬ 에듀테크 활용 환경

» **대상**: 학년 (초 6), 학생 수 (23)

» **교실 인프라 환경**: 교사 (PC, TV), 학생 (크롬북 23대)

╬ 에듀테크 활용 교수학습 과정

	세부활동	에듀테크 도구
1~2차시	● 활동 1. 다양한 자료의 특징 이해하기 ● 활동 2. 인공 지능 기술 이해 ● 활동 3. AI 스튜디오스와의 첫 만남	AI 스튜디오스
3~6차시	● 활동 1. 발표 주제 정하기 ● 활동 2. AI 스튜디오스로 콘텐츠 제작하기 ● 활동 3. 발표 및 상호평가	Google 클래스룸 AI 스튜디오스

교과	국어	학년 학기	초등 6학년 2학기
차시	1~6차시	학생 수	23
단원	4. 효과적으로 발표해요.		
배움 목표	· 다양한 자료를 체계 있게 구성하여 인공지능을 활용한 콘텐츠를 제작할 수 있다.		
성취기준	· [6국01-04] 자료를 정리하여 말할 내용을 체계적으로 구성한다. · [6국01-05] 매체 자료를 활용하여 내용을 효과적으로 발표한다.		

차시	주제	교수학습활동	자료 및 유의점
1~2 차시	다양한 자료의 특징 이해하기	· 자료를 정리하여 말할 내용을 체계적 으로 구성하는 방법 이해하기 · 표, 사진, 도표, 동영상과 같은 자료의 장점과 특징을 이해하기 · 실제 예시를 보면서 이해하기	· 국어 교과서 4단원과 연계하여, 교과서 에 나오는 내용을 참조하기 · 퀴즈앤 show를 통해 퀴즈를 풀면서 내 용을 정리 가능함
	인공 지능 기술 이해	· 인공 지능 기술 이해: EBS이 콘텐츠 활용 · 인공 지능이 우리 생활에 미치는 영향 력 생각하기 · 인공 지능의 개념을 알고, 이것과 관 련된 생활 모습 이야기하기	📁 (참고 자료) EBS이솝-배움터-이솝스 페셜-"인공지능"검색-인공지능 첫걸 음 📁 (참고 자료) 영상 제목: 인공지능 첫걸 음(데이터에서 딥러닝까지) 01. 인공 지능, 상상에서 실현까지 · EBS이 콘텐츠는 로그인하지 않고도 활용할 수 있음
	AI 스튜디오스 의 첫만남	· 가상 인간으로 만드는 AI 동영상 제작 플랫폼, AI 스튜디오스에 대하여 알아 보기 · AI 스튜디오스로 제작된 비디오 시청 하기	📁 AI 스튜디오스 소개 동영상(1분) 위 영상은 유튜브 검색하여 시청 가능함
3~6 차시	발표 주제 정하기	· 발표할 주제 정하기 · 최근 이슈가 되는 주제 관련 자료를 검색하기(뉴스 기사, 블로그, 동영상, 트렌드 등)	

차시	주제	교수학습활동	자료 및 유의점
3~6 차시	AI 스튜디오스로 콘텐츠 제작하기	· 재료(이미지, 텍스트, 동영상, 스크립트)를 활용하여 학급 뉴스 제작하기 · 이미지 검색하여 다운로드하기 · 미리 듣기를 통해 각 슬라이드에 적용된 AI 확인하기	🔍 AI 스튜디오스 📁 자료[AI 스튜디오스 강의안] [QR 코드]
	발표 및 상호평가	· 인공지능으로 제작 학급 뉴스 발표하기 · 친구들의 작품 보면서 의견 공유하기 · 프로젝트 소감문 작성하기	🔍 Google 클래스룸

✛ 에듀테크 활용 교수학습 평가 계획

차시	교수학습활동	평가내용	평가 방법
1~2 차시	활동 1. 다양한 자료의 특징 이해하기 활동 2. 우리 생활과 인공 지능 기술 활동 3. AI 스튜디오스 이해하기	· 다양한 자료의 특징 말하기 · 자료를 정리하여 말할 내용을 체계적으로 구성하는 방법을 이야기하기	관찰평가 체크리스트
3~6 차시	활동 1. 발표 주제 정하기 활동 2. AI 스튜디오스로 콘텐츠 제작하기 활동 3. 발표 및 상호평가	· 콘텐츠 제작하기 · 발표 주제를 정하여 인공지능 도구를 활용하여 콘텐츠를 제작하기 · 제작 후 느낀 점을 [Google 설문지]에 작성하기 · 수업 내용에 대한 느낀 점 발표하기	산출물 관찰평가 상호평가

✛ 에듀테크 활용 방법

1) AI 스튜디오스

AI 스튜디오스는 인공지능 가상인간 영상 합성 플랫폼입니다. 동영상, 텍스트, 이미지를 가지고 창작자의 의도에 맞는 새로운 비디오를 자동적으로 제작하여 줍니다.

[AI 스튜디오스] 편집 화면

2) Google 클래스룸

Google 클래스룸은 학생들의 배움을 도와주는 학급관 시스템입니다. 교사는 어렵지 않게 클래스룸을 개설할 수 있으며 학생들에게 과제를 게시하고 기준표를 통해 간편하게 채점할 수 있습니다. 또한 각종 자료를 올려 학생들과 소통할 수 있습니다.

학생들은 AI 스튜디오스를 통해 자신만의 뉴스 콘텐츠를 제작했습니다. PPT를 이용하여 제작할 수 있고, 직접 웹페이지 편집 화면에서 제작할 수도 있습니다. 매뉴얼 대로 하지 않으면 에러가 발생할 수 있지만 수정하여 편집을 완성하면 직접 제작한 콘텐츠를 결과물로 다운로드할 수 있습니다.

[Google 클래스룸] 학습 내용 자료

[AI 스튜디오스] 학생 작품

AI 휴먼[AI Studios]과 함께하는 발명 수업

교사 **경기 향산초 김우람**

✛ 에듀테크

>> 주 활용 에듀테크: **AI 스튜디오스**[AI Studios]
>> 연계 활용 에듀테크: **캔바**[Canva], **패들렛**[Padlet]

✛ 교수학습 단원 실과 6-2-5. 발명과 로봇

✛ 에듀테크 활용 교수학습 개요

6학년 실과 발명 수업의 연계 활동으로 우리가 활용하는 에듀테크 중 AI가 활용되고 있는 에듀테크와 연계하여 학생들이 AI를 체험할 수 있는 수업을 계획하고자 하였습니다. 또한 초등학생들에게 AI 개념과 체험 설명 시 주로 제시되는 엔트리 블록 코딩과는 다른 경험을 해주고 싶은데도 목적이 있습니다. 이에 AI를 이해하고 딥러닝 기술이 적용된 플랫폼 AI Studios는 AI 휴먼을 소재로 텍스트를 입력하면 간단하게 영상 제작을 학생이 직접 경험할 수 있는 유용한 플랫폼입니다.

✛ 에듀테크 활용 환경

>> **대상**: 학년 (초 6), 학생 수 (25)
>> **교실 인프라 환경**: 교사 (PC, TV), 학생 (컴퓨터 25대)

✛ 에듀테크 활용 교수학습 과정

	세부활동	에듀테크 도구
1~2차시	• 활동 1. 발명의 의미와 중요성 알기 • 활동 2. 발명가 찾아보기 • 활동 3. AI 스튜디오스로 나의 발명가 소개하기 • 평가 발명의 의미를 알고 생활 속 물건을 통해 발명가를 찾아 소개하기	AI 스튜디오스 패들렛
3~4차시	• 활동 1. 여러 가지 발명 기법 살피기 • 활동 2. 발명 기법으로 나만의 발명품 만들기 • 활동 3. AI 스튜디오스로 나의 발명품 소개하기 • 평가 나의 발명품을 발명 기법에 맞게 잘 소개하기	캔바 AI 스튜디오스 패들렛

✦ 에듀테크 활용 교수학습 설계

교과	실과	학년 학기	초등 6학년 2학기
차시	1~4차시	학생 수	25
단원	5. 발명과 로봇 (5-2-3. 발명과 로봇)		
배움 목표	· 나의 특성에 맞는 직업을 조사하여 발표해 봅시다.		
성취기준	· [6실05-03] 생활 속에 적용된 발명과 문제 해결의 사례를 통해 발명의 의미와 중요성을 이해한다. · [6실05-04] 다양한 재료를 활용하여 창의적인 제품을 구상하고 제작한다.		

차시	주제	교수학습활동	자료 및 유의점
1~2 차시	발명의 의미와 중요성 알기	· 발명과 발견을 구분하기 · AI와 인공지능 단어 이해하기 · AI 스튜디오스 소개	· 발명과 발견의 차이 영상 자료 · AI 딥러닝에 대한 소개 자료로 동기 유발하여 AI 스튜디오스 소개 및 체험하기
	발명가 찾아보기	· 우리 생활 주변 물건으로 발명가 찾기 브레인스토밍하기 · 인터넷을 활용한 발명가 조사하기	★〈활동지1〉 코드에서 활동지 다운로드 가능
	AI Studios로 나의 발명가 소개하기	· 나와 주변 사람들이 한 일을 일주일 동안 알아보기 · 검색한 발명가를 내용 정리하고 AI 스튜디오스를 제작하여 패들렛에 업로드하기 · 업로드 내용 발표하기	🔍 [패들렛]–[담벼락] · 내가 찾은 발명가를 조사하여 AI 스튜디오스로 영상 제작 후 패들렛 Board에 업로드하기
3~4 차시	발명 기법 이해하기	· 발명 기법 물건 살피기 　(더하기, 빼기, 모양 바꾸기, 크기 바꾸기, 용도 바꾸기, 자연물 본뜨기, 재료 바꾸기, 반대로 하기 기법)	· 동기유발 영상자료 사용 ★〈활동지2〉 · 코드에서 활동지 다운로드 가능 · 캔바를 활용하여 발명품 디자인하기 🖼 세로 포스터 템플릿 선택 발명 기법으로 캔바 요소로 디자인하기
	발명 기법으로 나만의 발명품 아이디어 제작하기	· 발명 기법을 사용해 아이디어 활동하기(활동지) · 캔바로 발명품 디자인하기	
	AI Studios로 나의 발명품 소개하기	· AI 스튜디오스를 활용해 나의 발명품을 소개하는 콘텐츠 제작하기 · 콘텐츠 패들렛에 업로드하기 · 정리한 내용 발표하기	🔍 [패들렛]–[담벼락] · 내가 찾은 발명가를 조사하여 AI 스튜디오스로 영상 제작 후 패들렛 Board에 업로드하기

차시	교수학습활동	평가내용	평가 방법
1~2 차시	활동 1. 발명의 의미와 중요성 알기 활동 2. 발명가 찾아보기 활동 3. AI 스튜디오스로 나의 발명가 소개하기	· 발명의 의미와 중요성을 알고 우리 생활 주변에 있는 물건으로 발명가 찾아보기 · 발명가를 조사하여 AI 스튜디오스로 발명가 소개하기 콘텐츠 제작하기 · [패들렛]에 업로드 및 발표하기	AI 스튜디오스 콘텐츠 제작물 관찰평가
3~4 차시	활동 1. 여러 가지 발명 기법 살피기 활동 2. 발명 기법으로 나만의 발명품 만들기 활동 3. AI 스튜디오스로 나의 발명품 소개하기	· 여러 가지 발명 기법으로 새로운 발명품 만들어보기 · 발명 기법 이해하고 적용하기 · [캔바]로 발명품 제작하기 · [AI 스튜디오스]로 나만의 발명품 소개하기 콘텐츠 제작하기 · [패들렛]에 업로드 및 발표하기	AI 스튜디오스 콘텐츠 제작물 관찰평가

+ 에듀테크 활용 방법

1) 자료 모음

📁 자료[교수학습 자료 모음 사이트]

2) AI 스튜디오스

AI의 시대가 온다는 의미와 함께 우리가 사용하는 AI 아나운서를 소개하고 우리가 텍스트를 입력하는 대로 음성이 나오는 시대가 왔다는 점을 흥미롭게 학생들에게 전합니다. 1-2차시는 학생들이 직접 발명가를 조사했던 내용을 콘텐츠 영상으로 제작하는 활동으로 구성하였으며, 3-4차시에는 발명기법을 이용해서 나의 발명품을 AI 휴먼이 소개하기 활동을 통해 학생들이 AI의 휴먼에 대해 고민해 보고 체험해 볼 수 있는 수업을 하였습니다.

AI 스튜디오스 플랫폼

AI 스튜디오스 플랫폼 활용 수업

3) 캔바

블렌디드 수업 형태로 오프라인에는 우선 활동지를 통한 발명기법으로 학생들이 대략적인 자신의 발명품을 제작하였습니다. 그 후 발명 기법을 사용한 발명품을 디지털화하는 작업에 캔바를 이용하였습니다. 캔바는 사진 오른쪽 아래 사진처럼 학생들이 과제를 완성한 뒤에 교사에게 보내기 활동을 통해 해당 워크스페이스에 학생들의 과제를 교사가 확인이 가능하다는 장점이 있으며 디자인을 수정, 검토가 용이하다는 점이 있습니다.

[캔바]-[과제 제시]
발명작품 디지털화하기

[캔바]-[수업 과제 확인기능]
나의 발명품 콘텐츠 만들기

4) 패들렛

패들렛의 여러 서식 중에서 담벼락을 활용하였습니다. 학생들의 AI Studios로 제작한 영상작품의 산출물 링크만으로 공유가 가능한 기능이 있어 학생들에게 패들렛에 링크 주소를 게시하도록 안내하였습니다. 첫 번째 사진은 1~2차시, '나의 발명가를 소개합니다.' 산출물 포트폴리오입니다. 마찬가지 방법으로 두 번째 3~4차시, '나의 발명품을 소개합니다.'의 산출물 패들렛으로 활용하였습니다. 이처럼 패들렛은 학생들의 산출물을 한데 모아서 교사가 한눈에 알 수 있도록 구성하는데 용이합니다.

[패들렛]-[담벼락 템플릿]
AI 스튜디오스 산출물 올리기

[패들렛]-[담벼락 템플릿]
AI 스튜디오스 산출물 2 올리기

나의 발명가를 소개합니다.
작품 예시

나의 발명가(AI 아나운서와 함께)
작품 예시

에듀테크를 활용한 우리땅 독도 프로젝트 수업

교사 **경기 향산초 김우람**

✛ 에듀테크

>> 주 활용 에듀테크: **에듀테크 젭**[ZEP]
>> 연계 활용 에듀테크: **잇다**[ITDA], **디지털교과서**, **패들**렛[Padlet], **캔바**[Canva]

✛ 교수학습 주제 독도를 공부하고 독도를 사랑하기 (프로젝트 수업)

✛ 에듀테크 활용 교수학습 개요

독도를 주제로 연간 4시간 이상 프로젝트 기반 수업 설계로 진행하였습니다. 1학기에는 e학습터를 기반으로 e학습터의 콘텐츠로 독도에 대해 공부하고, 교원 전용 플랫폼인 잇다의 아스펜 스튜디오(Aspenstudio) 저작도구를 활용하여 디지털교과서, 메타버스 젭 등을 한 번에 활용 가능한 독도 수업 콘텐츠를 제작하였습니다. 2학기에는 메타버스 공간에 대한 이해를 바탕으로 독도 사랑 포스터를 캔바로 제작하여 젭에서 독도 사랑 포스터 전시공간을 마련하는 시간으로 독도 수업과 에듀테크를 연계하였습니다.

✛ 에듀테크 활용 환경

>> **대상**: 학년 (초 6), 학생 수 (25)
>> **교실 인프라 환경**: 교사 (PC, TV), 학생 [태블릿PC – 갤럭시 탭 S6 Lite 25대]

✛ 에듀테크 활용 교수학습 과정

	세부활동	에듀테크 도구
1~2차시 (1학기)	● 활동 1. e학습터 콘텐츠 독도교육 공부 ● 활동 2. 잇다 아스펜 스튜디오 교수 수업 학습 ● 활동 3. 디지털교과서 사회 독도 내용 공부 ● 활동 4. 가상공간 젭에서 독도 체험 및 학습	e학습터 잇다 디지털교과서 젭
3~4차시 (2학기)	● 활동 1. 1학기에 학습한 독도 내용 상기 ● 활동 2. 독도 사랑 홍보 포스터 캔바로 제작하기 ● 활동 3. 젭에 독도사랑 전시공간 마련하기 ● 평가 젭 전시관에 독도사랑 포스터 제작하기	캔바 젭

✛ 에듀테크 활용 교수학습 설계

교과	창체, 사회, 미술, 독도교육	학년·학기	초등 6학년
차시	1~4차시	학생 수	25
단원	독도 프로젝트 수업		
배움 목표	· 독도가 우리 땅인 이유를 알고 독도를 소중히 여기는 마음을 표현할 수 있다.		
성취기준	· [6사08-01] 독도를 지키려는 조상들의 노력을 역사적 자료를 통하여 살펴보고, 독도의 위치 등 지리적 특성에 대한 이해를 바탕으로 하여 영토주권 의식을 기른다. · [6미01-05] 미술 활동에 타 교과의 이용, 방법 등을 활용할 수 있다.		

차시	주제	교수학습활동	자료 및 유의점
1~2차시	e학습터 콘텐츠로 독도 공부하기	· e학습터 자체 콘텐츠 활용하기	🔍 [e학습터]–[강좌 관리] · e학습터 기본 콘텐츠 플랫폼 수업자료에서 "독도"를 검색하여 학급 LMS 전송
	교원 전용 플랫폼 잇다 아스펜 스튜디오 활용하기	· 잇다 아스펜 스튜디오 자료 e학습터로 학습 연결하기 · 잇다 설계 (아스펜 자체 자료, 디지털교과서, 젭으로 수업 흐름 설계)	🔍 [잇다]–[Aspen Studio] · 잇다 자료 링크가 연계를 하려면 학생들은 e학습터로 로그인이 되어 있는 상태로 학습이 가능
	디지털교과서로 독도 공부하기	· 잇다 아스펜 스튜디오로 디지털교과서 넣기 · 디지털교과서로 2학기 사회 독도 내용을 공부하기	🔍 [디지털교과서]–[링크 연결] · 잇다가 디지털교과서와 동기화될 수 있도록 학생과 교사 모두 브라우저 상에서 에듀넷 계정으로 동기화된 상태가 필요
	가상공간 젭 독도 체험 및 학습	· 독도 알기 방 탈출하기 · 독도 내용 OX 퀴즈 하기 (젭 OX 퀴즈 맵 공간에서)	🔍 [젭]–[링크 연결] · 메타버스 공간이 처음이기 때문에 처음에는 메타버스에 대한 소개 및 튜토리얼 진행 · 메타버스 공간에 지켜야 할 사이버 학교폭력 예방 교육 실시 · 태블릿PC로도 젭 체험이 가능(맵 메이킹 불가)
3~4차시	독도 내용 상기	· 독도 관련 지식 상기하기 · 디지털교과서로 내용 복습	· 2학기 사회 교과 내용을 복습하여 디지털교과서로 내용 학습
	독도 사랑 홍보 포스터 캔바로 제작하기	· 독도가 우리 땅인 이유, 홍보 필요성 알기 · 캔바로 독도 사랑 홍보 포스터 제작하기	🔍 [캔바]–[과제 제시] · 독도 사랑 홍보 포스터 제작 📐 세로 포스터 템플릿 선택 젭 포스터 사이즈로 미리 교사가 템플릿 사이즈를 준비하고 캔바 과제로 제시

차시	주제	교수학습활동	자료 및 유의점
3~4 차시	젭 독도사랑 전시 공간 마련하기	· 젭 템플릿 활용해 전시 공간 꾸미기 · 포스터 젭에 업로드하기 · 정리한 전시관 관람하고 친구 초대하기	🔍 [젭]-[에셋 스토어] · 에셋 스토어 젭에 무료로 배포된 적절한 맵을 찾아서 전시공간으로 사용하도록 설계

✛ 에듀테크 활용 교수학습 평가 계획

차시	교수학습활동	평가내용	평가 방법
1~2 차시	활동 1. e학습터 콘텐츠 독도교육 공부 활동 2. 잇다아스펜스튜디오 교수 수업 학습 활동 3. 디지털교과서 사회 독도 내용 공부 활동 4. 가상공간 젭에서 독도 체험 및 학습	· 독도가 우리나라 영토인 이유를 알고 독도의 자연환경과 인문환경을 살펴보기 · OX 퀴즈를 통해 독도 관련 지식에 대해 알아보기 [젭]-[OX 퀴즈 맵] · 가상공간 젭 체험으로 독도 역사 & 자연환경 & 인문환경 살펴보기	관찰평가
3~4 차시	활동 1. 1학기에 학습한 독도 내용 상기 활동 2. 독도 사랑 홍보 포스터 캔바로 제작하기 활동 3. 젭에 독도사랑 전시공간 마련하기 평가 젭 전시관에 독도사랑 포스터 제작하기	· 캔바를 이용하여 독도 사랑 포스터 제작하고 젭 독도 전시관 만들기 · 캔바로 독도 포스터 제작하기 · 젭 전시공간 꾸미기 · 젭 독도 전시관 작품 전시하기 · [캔바]-[포스터 템플릿 제작]	캔바 산출물 관찰평가

✛ 에듀테크 활용 방법

1) 젭

젭은 메타버스를 학생들이 체험하기에 적절한 플랫폼입니다. 본 수업에서는 독도를 주제로 독도의 자연환경을 체험하도록 맵을 구성하여 독도 자연환경과 인문환경에 대해 공부할 수 있는 방 탈출 형태의 전망대도 미리캔버스로 직접 제작하였습니다. 조별로 독도 내용을 공부하고 방 탈출을 해봄으로써 독도 수업에 대한 흥미와 집중도 높은 수업 설계가 가능하였고, 학생들이 캔바로 제작한 독도 사랑 포스터를 젭 전시공간에 작품을 전시함으로써 디지털 드로잉 수업도 융합하여 수업을 하였습니다.

[젭]-[맵 제작]
독도 환경 체험 및 방 탈출

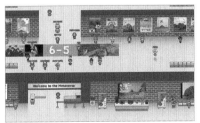

[젭]-[캔바]
독도 포스터 전시하기

〈독도 프로젝트에 사용한 독도 젭 수업 예시〉

2) 공교육 플랫폼 [e학습터, 잇다, 디지털교과서]

[e학습터]-[링크]
e학습터 플랫폼에서 에듀테크 연결하기

[잇다]-[아스펜 스튜디오]
독도수업설계

[디지털교과서]
독도 역사적 자료 교과서 학습

e학습터

　공교육 에듀테크 플랫폼 e학습터의 장점은 교육과정에 포함된 내용인 자체 콘텐츠가 많이 포함되어 있습니다. 또한 학습 LMS 기능을 제공하기에 블렌디드 형태 수업 후 교사가 학생들 개별 과제 제출 확인도 용이합니다. 또한 강좌마다 외부 링크를 이용하여 에듀테크 연계 활동이 충분히 가능한 이점이 있습니다.

잇다

　수업 제작은 잇다에서 지원하는 아스펜 저작도구를 기반으로 제작할 수 있습니다. 또한 동료 교사들의 수업 설계를 기반으로 나만의 꾸러미 기반의 수업 설계가 용이하여 빠른 수업 자료 제작 또한 수월합니다. 이번 프로젝트 수업에는 독도를 직접 아스펜으로 수업 설계하여 독도 사진으로 짝 카드 맞추기, 디지털교과서 사회를 연동시키고 젭 공간과 오프라인 독도 관련 주장 글짓기의 차시 흐름으로 잇다를 이용하였습니다.

〈잇다(아스펜)로 제작한 독도 수업 설계, 에듀넷 계정으로 로그인해서 접속 가능합니다.〉

디지털교과서

　디지털교과서를 이용한 본 수업 계획에는 학생들이 서책형을 1학기에는 1학기 책만 가지고 있어 2학기 교육과정 내용을 확인하기 어려운데, 디지털교과서는 이러한 서책형의 단점을 보완해 줍니다. 이는 주제통합형 프로젝트 학습으로 구성할 때 사회 2학기 내용인 독도의 역사적 사료 내용을 디지털교과서를 활용하면 1학기에도 학생들이 접근 가능하다는 장점이 있습니다.

디지털교과서

4. 만들어가는 디지털교과서 중·고등

경기 서해중학교 **안슬기**	적용학년	중1	적용교과	국어	적용도구	미리캔버스
경기 서해중학교 **안슬기**	적용학년	중1	적용교과	국어	적용도구	젭
부산 오션중학교 **박영숙**	적용학년	중1	적용교과	영어	적용도구	북 크리에이터
대구 화원중학교 **권혜진**	적용학년	중1	적용교과	영어	적용도구	투닝
대구 화원중학교 **권혜진**	적용학년	중2	적용교과	영어	적용도구	북 크리에이터
경기 효명중학교 **오한나**	적용학년	중1	적용교과	음악	적용도구	Chrome 뮤직 랩
경기 효명중학교 **오한나**	적용학년	중1	적용교과	음악	적용도구	아이바
경기 효명고등학교 **이현준**	적용학년	고1	적용교과	수학	적용도구	데스모스

미리캔버스를 이용한 마을 홍보물 제작

교사 **경기 서해중 안슬기**

✛ 에듀테크

» 주 활용 에듀테크: **미리캔버스**[miricanvas]

» 연계 활용 에듀테크: **퀴즈앤**[QuizN], **Google 프레젠테이션**[Google Slides]

✛ 교수학습 단원 국어 1-1-2. (1) 요약하며 읽기, (2) 판단하며 듣기 [중등 1학년, 천재교육]

✛ 에듀테크 활용 교수학습 개요

'한 아이를 키우려면 온 마을이 필요하다'라는 아프리카 속담이 있습니다. 이번 수업에서는 '요약과 판단'을 배우는 단원이므로, 마을과 수업 주제를 접목시켜 '마을 홍보물 제작'을 실시하였습니다. 자료를 선정하여 이를 요약하고, 미리캔버스를 활용하여 마을 홍보 포스터를 제작하도록 하였습니다. 제작 후 다른 모둠이 제작한 홍보 포스터를 함께 공유하며, 타당한 정보인지를 판단하도록 했습니다. 또한, 배우고 싶은 점과 다소 아쉬운 점을 퀴즈앤에 서술식으로 작성하여 동료평가를 실시했습니다.

✛ 에듀테크 활용 환경

» **대상**: 학년 (중 1), 학생 수 (30)

» **교실 인프라 환경**: 교사 (PC, TV, 태블릿PC), 학생 (태블릿PC 30대)

✛ 에듀테크 활용 교수학습 과정

	세부활동	에듀테크 도구
1~8차시	● 활동 1. 설명문 읽기 ● 활동 2. 요약 방법 이해하기 ● 활동 3. 글의 특성을 고려하여 글 요약하기 ● 활동 4. 마을 홍보 포스터 제작하기 ● 평가 노래 가사 요약하기 모둠활동	미리캔버스 Google 프레젠테이션
9~12차시	● 활동 1. 본문 내용 확인하기 ● 활동 2. 타당성을 판단하며 듣는 방법 이해하기 ● 평가 마을 홍보 포스터 자기평가·동료평가	퀴즈앤

＋ 에듀테크 활용 교수학습 설계

교과	국어	학년 학기	중등 1학년 1학기
차시	1~12차시	학생 수	30
단원	2-(1) 요약하며 읽기, 3-(2) 판단하며 듣기 [천재교육]		
배움 목표	· 읽기 목적이나 글의 특성을 고려하여 글의 내용을 요약할 수 있다. (Google 프레젠테이션을 활용하여 모둠별 노래 가사 요약정리를 할 수 있다. 미리캔버스를 활용하여 마을 홍보 포스터를 제작할 수 있다.) · 내용의 타당성을 판단하며 들을 수 있다. (퀴즈앤을 활용하여 자기평가·동료평가를 할 수 있다.)		
성취기준	· [9국02-03] 읽기 목적이나 글의 특성을 고려하여 글 내용을 요약한다. · [9국01-10] 내용의 타당성을 판단하며 듣는다.		

차시	주제	교수학습활동	자료 및 유의점
1~8 차시	교과서 본문 읽기	· 설명문을 읽으며 문단별로 중심 내용 파악하기	
	교과서 본문 읽기	· 글의 종류 및 특성에 따른 요약 방법 이해하기	
	글 요약하기 정보통신윤리 교육	· 노래 가사를 읽고, 가사 내용 요약하기 · 요약한 내용을 구글 슬라이드에 입력하기	· 정보통신윤리교육 실시(다른 모둠의 슬라이드에 입력하거나 수정하지 말고, '이전' 버튼 누르지 않기) 🔎 [Google 프레젠테이션] 📁 자료[Google 프레젠테이션]
	마을 홍보 포스터 제작하기	· 지역관광책자를 보고 관광지 선정하기 · 선정한 관광지에 대한 정보 탐색하기 · 신뢰성이 높은 정보를 선정하여 요약하기 · 정보의 출처 명시하기 · 미리캔버스를 활용하여 마을 홍보 포스터 제작하기 · 완성된 포스터는 퀴즈앤 보드에 업로드하기	🔎 [미리캔버스] · 미리캔버스에서 포스터 제작하기 정보통신윤리교육 🔎 [퀴즈앤]-[보드] · 포스터 업로드하기 📁 자료[퀴즈앤] (참여 PIN 번호: 193390)

차시	주제	교수학습활동	자료 및 유의점
9~12 차시	본문 내용 확인	· 내용의 타당성을 판단하며 들을 때 고려해야 할 점 생각해 보기	
	타당성 판단하기	· 내용의 타당성을 판단하며 듣기에 대해 알아보기 · 동아리 홍보 연설을 듣고 내용의 타당성 판단하기	
	마을 홍보 포스터 동료평가 실시	· 퀴즈앤 보드에 탑재된 포스터를 보고 자기평가·동료평가하기 · 배우고 싶은 점과 아쉬운 점을 댓글로 작성하기 · 타인을 비방하거나 단답형으로 작성하지 않기 · 마지막으로 자기 모둠이 제작한 포스터를 보고 잘한 점과 아쉬운 점 생각해 보기	🔍 [퀴즈앤]-[보드] · 자기평가·동료평가 실시 '사이버폭력 예방교육' 실시

➕ 에듀테크 활용 교수학습 평가 계획

차시	교수학습활동	평가내용	평가 방법
1~8 차시	활동 1. 설명문 읽기 활동 2. 요약 방법 이해하기 활동 3. 읽기 목적이나 글의 특성을 고려하여 글 요약하기 활동 4. 마을 홍보 포스터 제작하기 평가 노래 가사 요약하기 모둠활동	· 노래 가사 요약하기 모둠활동 및 공유 · [Google 프레젠테이션]에 자신의 모둠에 해당하는 슬라이드에 요약한 내용 입력하기 · 입력한 내용 공유하여 동료평가하기	동료평가
9~12 차시	활동 1. 본문 내용 확인하기 활동 2. 내용의 타당성을 판단하며 듣는 방법 이해하기 평가 마을 홍보 포스터 동료평가	· 마을 홍보 포스터 동료평가 실시 · [퀴즈앤]-[보드]에 모둠별 마을 홍보 포스터 업로드 · 작품 공유 · 평가 내용 [퀴즈앤]-[보드]에 입력	자기평가 동료평가

+ 에듀테크 활용 방법

1) Google 프레젠테이션

모둠별로 가사를 3-4개의 파트로 배분하여 배부하였습니다. 각 파트를 요약하고, 어떤 요약 방법을 활용했는지 슬라이드에 적도록 했습니다. 이때, 자신의 모둠에 해당되는 슬라이드에만 작성을 해야 함을 강조했습니다. 활동 후에는 내용을 함께 보며 적절하게 요약했는지 공유하는 시간을 가졌습니다.

<table>
<tr><td colspan="3">모둠별 가사 요약 활동</td></tr>
<tr><td colspan="3" align="center">부제목을 추가하려면 클릭하세요.</td></tr>
</table>

1모둠(이름:)		
문단	요약 내용	요약 방법
1문단		
2문단		
3문단		
4문단		
한 줄로 요약하기:		

Google 프레젠테이션을 활용한 모둠활동   Google 프레젠테이션을 활용한 모둠활동 양식

2) 미리캔버스

지역 내 위치한 관광지에 대해 조사해 보고, 다양한 자료를 활용하여 '미리캔버스'로 마을 홍보물을 제작하도록 하였습니다. '미리캔버스'라는 에듀테크를 통해 손쉽게 포스터를 스스로 제작하여 성취감 또한 느낄 수 있었습니다.

기존 템플릿 활용 포스터 제작 예시   기존 템플릿 활용 포스터 제작 예시

미리캔버스로 제작한 포스터를 퀴즈앤의 보드(그룹 타입)에 탑재하였습니다. 탑재된 포스터를 보고, 다른 모둠원들은 포스터에 대해 평가하였습니다. 마지막으로는 자기 모둠에서 만든 포스터를 평가하며 평가를 마무리하였습니다.

퀴즈앤 보드에 모둠별 포스터 탑재 예시   퀴즈앤 보드에 댓글을 통해 평가 예시

젭[ZEP]을 이용한 국어 단원 평가

교사 **경기 서해중 안슬기**

✛ 에듀테크

》 주 활용 에듀테크: **메타버스 플랫폼 젭**[ZEP]

》 연계 활용 에듀테크: **북 크리에이터**[Book Creator], **미리캔버스**[miricanvas], **퀴즈앤 보드**[QuizN]

✛ 교수학습 단원 국어 1-2-3. (1) 어휘의 체계와 양상, (2) 배려하며 말하기 [중등 1학년, 천재교육]

✛ 에듀테크 활용 교수학습 개요

3-(1) 어휘의 체계와 양상 수업에서는 학습한 내용을 정리하기 위해 메타버스 플랫폼인 젭을 활용하여 단원 마무리 평가를 실시해 보고자 합니다. 이를 통해 학습자의 흥미와 호기심을 자극하고, 스스로 학습하고자 하는 학습 동기를 부여하여 다양한 어휘의 세계를 이해해 보는 시간을 갖도록 합니다.

3-(2) 배려하며 말하기 수업에서는 자신의 언어생활을 되돌아보고, 북 크리에이터를 통해 학교폭력 예방교육 자료를 읽어보는 시간을 가져보고자 합니다. 또한, 미리캔버스를 활용하여 학교폭력을 예방하는 카드뉴스를 만들어 보고자 합니다. 이를 통해 배려하며 말하는 언어생활과 학교폭력 없는 학교를 만드는 방안에 대해 생각해 보고자 합니다.

✛ 에듀테크 활용 환경

》 **대상**: 학년 (중 1), 학생 수 (30)

》 **교실 인프라 환경**: 교사 (PC, TV, 태블릿PC), 학생 (태블릿PC 30대)

✛ 에듀테크 활용 교수학습 과정

	세부활동	에듀테크 도구
1~5차시	● 활동 1. 어휘의 체계 탐구하기 ● 활동 2. 어휘의 양상 탐구하기 ● 활동 3. 어휘 다듬기 학습 활동 ● 평가 젭을 활용하여 단원 마무리 평가 실시	젭

6~11차시	● 활동 1. 학교폭력, 언어폭력의 바로 알기 ● 활동 2. 상대방을 배려하는 말하는 태도 기르기(북 크리에이터 읽기 자료 제공) ● 활동 3. 미리캔버스를 활용하여 카드 뉴스 제작 ● 평가 퀴즈앤을 활용하여 카드 뉴스 작품 동료평가 실시	미리캔버스 퀴즈앤 북 크리에이터

+ 에듀테크 활용 교수학습 설계

교과	국어	학년 학기	중등 1학년 2학기
차시	1~11차시	학생 수	30
단원	3-(1) 어휘의 체계와 양상, 3-(2) 배려하며 말하기 [천재교육]		
배움 목표	· 어휘의 체계와 양상을 탐구하고 활용할 수 있다. (젭을 활용한 마무리 평가 문제를 풀며 3-(1) 단원의 내용을 정리할 수 있다.) · 언어폭력의 문제점을 인식하고, 상대를 배려하며 말하는 태도를 지닌다. (북 크리에이터를 활용하여 보조 자료를 읽고 이를 이해할 수 있다. 미리캔버스를 활용하여 카드 뉴스를 제작할 수 있다.)		
성취기준	· [9국04-05] 어휘의 체계와 양상을 탐구하고 활용한다. · [9국01-12] 언어폭력의 문제점을 인식하고 상대를 배려하며 말하는 태도를 지닌다.		

차시	주제	교수학습활동	자료 및 유의점
1~5 차시	어휘의 체계 탐구	· 기원에 따라 단어를 분류하고, 어휘의 특성 알아보기	
	어휘의 양상 탐구	· 지역 방언, 사회 방언, 유의어, 반의어, 상의어와 하의어 알아보기	· 정보통신윤리교육
	어휘 다듬기 학습 활동	· 광고에 쓰인 단어를 체계에 맞게 분류 하고, 다듬어 보기	· 차시 예고 및 정보통신윤리교육 실시
	단원 정리 평가	· 메타버스 공간 '젭'의 문제를 풀어 학습한 내용 정리하기	🔍 [젭]-[퀴즈룸 맵] · QR 코드 접속 링크 제공 및 닉네임은 이름으로 입력하여 입장 📁 자료[젭]

차시	주제	교수학습활동	자료 및 유의점
6~11 차시	학교폭력, 언어폭력 바로 알기	· '북 크리에이터'를 통해 학교폭력의 정 의, 언어폭력의 유형 및 문제점 등 이 해하기 · 학교폭력 예방 방안 생각하기	🔍 [북 크리에이터] · 교과서 본문 내용 학습 후, 북 크리에 이터를 통해 학교폭력에 대해 깊이 있 게 알아보기 📁 자료[북 크리에이터] （QR 코드）
	상대방을 배려 하는 말하기 태도 기르기	· 상황에 따른 말하기 태도 및 그에 따른 결과 비교하기 · '북 크리에이터'를 통해 비폭력 대화법 이해하기	· 북 크리에이터를 통해 비폭력 대화법 이해하기(QR 코드 위와 상동)
	시각 자료 만들기	· '미리캔버스'를 활용하여 학교폭력 예 방 카드뉴스 제작하기	🔍 [미리캔버스] · 제작 시간 충분히 부여
	동료평가 실시	· '퀴즈앤'을 활용하여 카드뉴스 발표 및 동료평가 실시	🔍 [Google 프레젠테이션] · 프레젠테이션에 카드뉴스 게시 🔍 [퀴즈앤]-[보드] · 퀴즈앤 보드(그룹 타입)에 모둠명 입력 후, 댓글로 평가 내용 입력하기

✛ 에듀테크 활용 교수학습 평가 계획

차시	교수학습활동	평가내용	평가 방법
1~5 차시	활동 1. 어휘의 체계 탐구하기 활동 2. 어휘의 양상 탐구하기 활동 3. 어휘 다듬기 학습 활동 평가 젭을 활용하여 단원 마무리 평가 실시	· 어휘의 체계와 양상 단원 평가 문제 풀이 · [젭]-[퀴즈룸]에서 단원 평가 문제 풀이 · 함께 문제 풀며, 오답 정리	형성평가
6~11 차시	활동 1. 학교폭력, 언어폭력의 바로 알기 활동 2. 상대방을 배려하는 말하는 태도 기 르기(북 크리에이터 읽기 자료 제공) 활동 3. 미리캔버스를 활용하여 카드 뉴스 제작 평가 퀴즈앤을 활용하여 카드 뉴스 작품 동료평가 실시	· 미리캔버스를 활용하여 학교폭력 예방 카드뉴스 제작 · [Google 프레젠테이션]에 카드 뉴스 게시 · 모둠별 카드 뉴스 확인 · 평가 내용 [퀴즈앤]-[보드]에 입력	동료평가

✦ 에듀테크 활용 방법

1) 젭

젭은 완성된 맵이 제공되어 제작하기도 쉽고, 학습자들의 동기를 유발하며 학습 내용을 정리하는 데 효율적인 메타버스 플랫폼입니다. 기존 퀴즈룸 맵에 문제를 틀리면 처음으로 돌아가는 포털을 추가하여, 문제를 틀리게 되면 다시 처음으로 돌아가서 자연스럽게 반복 학습이 가능하도록 설계했습니다.

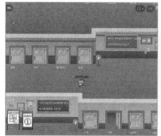
젭 – 퀴즈룸 – 단원평가 참여

젭 조작 방법 안내

퀴즈 완료 후 교실로 이동

2) 북 크리에이터

컬러로 된 자료를 공유하고 함께 보거나, 동영상 자료를 학습지에 제시하고 싶을 때는 '북 크리에이터'가 적합합니다. 본 수업에서는 학교폭력에 대한 동영상 자료와 다양한 시각 자료를 첨부한 북 크리에이터를 통해 학교폭력에 대한 개념을 이해할 수 있도록 설계하였습니다.

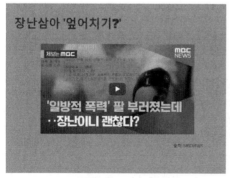
북 크리에이터로 동영상 자료 제시

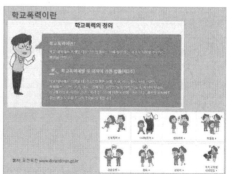
북 크리에이터로 컬러 자료 제시

'미리캔버스'의 템플릿에 다양한 요소를 첨가하여 주제를 효과적으로 전달할 수 있는 카드 뉴스를 쉽게 제작할 수 있습니다. 다른 모둠의 카드 뉴스를 보고 배우고 싶은 점, 아쉬운 점을 '퀴즈앤 보드'의 댓글로 입력하게 하여 동료평가를 실시하였습니다.

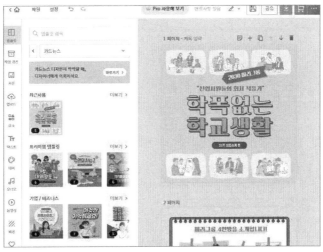

기존의 템플릿을 활용한 카드 뉴스 제작 예시

[퀴즈앤]-[보드]를 활용한 동료평가 예시

북 크리에이터[Book Creator] 활용
영어 동화책 읽기 프로젝트

교사 **부산 오션중 박영숙**

+ 에듀테크

>> 주 활용 에듀테크: **북 크리에이터**[Book Creator]

>> 연계 활용 에듀테크: **Google 클래스룸**[Google Classroom], **Google 스프레드시트**[Google Sheets], **Google 번역**[Google Translation], **클래스카드**[Classcard]

+ 교수학습 주제 영어 동화책 읽기 프로젝트

+ 에듀테크 활용 교수학습 개요

이 수업에서는 학생들과 영어 동화책을 함께 읽고 북 크리에이터를 활용해 다양한 독후 활동을 진행하여 학생들마다 개성 있는 독후 활동 포트폴리오를 제작하는 것을 목표로 합니다. 일방적인 독후 활동지 대신 학생들의 창의력을 발휘할 수 있는 형태의 학습 과제를 부과하고, 다른 학생들의 작업을 쉽게 공유하여 서로 피드백을 남기거나 교사 또는 동료의 제안을 받아들여 자신의 포트폴리오를 개선할 수 있도록 세부 활동을 구성하여 운영합니다.

+ 에듀테크 활용 환경

>> **대상**: 학년 (중 1), 학생 수 (15)

>> **교실 인프라 환경**: 교사 (PC, TV), 학생 (크롬북 15대)

+ 에듀테크 활용 교수학습 과정

	세부활동	에듀테크 S,T
1차시	● 활동 1. 북 크리에이터 가입하기 ● 활동 2. 기본 메뉴 사용법 익히기 ● 활동 3. 개성 있는 책 표지 및 내지 만들기	Google 클래스룸 북 크리에이터
2~3차시	● 활동 1. 영어 동화책 함께 읽기 ● 활동 2. 이해하기 힘든 단어 함께 확인하기 ● 활동 3. 동화책의 문장 함께 써보기 ● 평가 동화책 속 6장면 골라서 말풍선, 생각 풍선, 묘사하는 문장 작성하기	Google 스프레드시트 북 크리에이터

세부활동		에듀테크 도구
4~5차시	● 활동 1. 새로 익힌 어휘 학습하기 ● 활동 2. 동화책 번역하기 ● 활동 3. 동화책 오디오북 만들기 ● 평가 줄거리 요약하기, 나의 의견 덧붙이기	클래스카드 Google 스프레드시트 북 크리에이터

✛ 에듀테크 활용 교수학습 설계

교과	영어	학년 학기	중등 1학년
차시	1~5차시	학생 수	27
단원	영어 동화책 읽기 프로젝트		
배움 목표	·영어 동화책을 읽고 독후 활동 포트폴리오를 제작할 수 있다.		
성취기준	·[9영04-01]일상생활에 관한 주변의 대상이나 상황을 묘사하는 문장을 쓸 수 있다. ·[9영04-02]일상생활에 관한 자신의 의견이나 감정을 표현하는 문장을 쓸 수 있다. ·[9영04-03]일상생활에 관한 그림, 사진, 또는 도표 등을 설명하는 문장을 쓸 수 있다. ·[9영04-06]간단한 초대, 감사, 축하, 위로, 일기, 편지 등의 글을 쓸 수 있다.		

차시	주제	교수학습활동	자료 및 유의점
1차시	북 크리에이터 가입 및 둘러보기	·북 크리에이터 가입하기 ·다른 학생들의 작품 감상하면서 아이디어 얻기	🔍 [Google 클래스룸]-[스트림]-[링크 공유]
	기본 메뉴 사용법 익히기	·Blank Books에서 전자책 형태를 선택하거나 Templates에서 원하는 것을 선택하기 ·+ 버튼이나 필요한 요소를 삽입하거나 i 버튼을 눌러 상세 조정하기	🔍 [북 크리에이터]-[+New Book]
	개성 있는 표지 및 내지 만들기	·책의 표지에 필요한 요소들에 대해 함께 이야기 나누기 ·나만의 책 표지 꾸미고 공유하기	·Library 내 모든 표지 함께 살펴보고 피드백 나누기
2~3 차시	영어책 함께 읽기	·책 속의 장면을 미리 살펴보고 스토리나 상황 추측하기 ·영어 동화책의 PDF 자료나 Read Aloud 자료를 활용하여 영어책 함께 읽기	🔍 [Google 클래스룸]-[수업과제]-[만들기]-[자료] ·자료 게시를 통해 필요한 자료를 손쉽게 공유하거나 과제 게시를 통해 학생들의 과제 수행을 위한 자료 공유 및 수합하기

차시	주제	교수학습활동	자료 및 유의점
2~3 차시	이해하기 힘든 단어 함께 확인하기	· 함께 읽으면서 각자 이해하기 힘든 단어 Google 스프레드시트에 수합하기 · 여러 학생의 자료에 공통으로 표기된 단어 함께 뜻 살펴보기 · 각자 번역 및 사전 앱 활용하여 단어의 뜻과 예문 찾아서 작성하기	🔍 [Google 스프레드시트]–[셀 내용 입력] · 셀마다 학생들의 영역을 정해두고 각자 이해하기 힘든 영어 단어나 영어 문장 등을 작성하여 실시간으로 작업 살펴보기 🔍 [Google 번역] · 간단한 한영 및 영한 단어 뜻 검색부터 문장 번역, 번역한 문장 소리 내어 읽기 연습에 활용하기
	동화책의 문장 함께 쓰기	· 학생별로 동화책의 페이지를 배당하고 Google 스프레드시트의 각자 영역에 동화책의 문장 쓰기 · 자신의 페이지에 해당하는 질문 2개씩 작성하여 Google 스프레드시트에 올리기	
4~5 차시	새로 익힌 단어 학습하기	· 영어 동화책의 스토리상 중요한 내용어 어휘 목록을 '클래스카드'를 통해 학습하기 · 학습한 어휘 목록으로 '테스트'나 '퀴즈 배틀' 실시하기	🔍 [클래스 카드] · 어휘 목록을 작성하여 다양한 방식으로 학생들에게 단어와 뜻을 반복적으로 익히고 암기/리콜/스펠학습하기 · '테스트' 최저 점수를 설정하여 반복학습을 유도하거나 '퀴즈 배틀'을 통해 게임 요소 도입하여 어휘 복습 유도하기
	동화책 함께 번역하기	· 이전 차시에 작업한 동화책 문장 쓰기 시트에 열을 추가하여 각자 지정된 영역의 문장 해석하고 전체 내용 파악하기 · 다른 친구들의 해석 살펴보고 내용 수정 및 제안하기	🔍 [Google 스프레드시트]–[삽입]–[댓글] 혹은 Ctrl+Alt+M · 다른 친구들의 작업 내용을 확인하고 댓글 기능을 활용하여 피드백 주고받기
	동화책 오디오북 만들기	· 스프레드시트에 작성한 영어 문장을 북 크리에이터 페이지별 옮겨 적고 자신만의 목소리로 읽어서 오디오북 완성하기 · 학생별 오디오북 공유하고 서로 피드백 주고 받기	🔍 [북 크리에이터] – [+] – [Media] – [Record] · 기능을 활용하여 페이지별로 자신만의 목소리로 오디오북 제작하기

차시	교수학습활동	평가내용	평가 방법
2~3 차시	활동 1. 동화책 속 6장면 고르기 활동 2. 동화 속 인물들의 말풍선 및 생각 풍선 완성하기 활동 3. 동화 속 장면 묘사하는 문장 쓰기	· 스토리 전개에 필요한 동화 속 6장면을 고르고 상황에 맞는 생각이나 말, 상황, 묘사하는 문장 작성하기 · 동화책 속 인상적인 6장면 골라 [북 크리에이터]에 붙여넣기 · 장면마다 어울리는 말풍선, 생각 풍선 혹은 장면 묘사하는 문장 작성하기	보고서 상호평가 체크리스트
4~5 차시	활동 1. 줄거리 요약하기 활동 2. 동화책 내용에 관한 의견과 그 이유 덧붙이기	· 동화의 줄거리와 동화 속 인물의 선택에 대한 나의 의견 작성하기 · 줄거리 요약해보기 · 동화 속 인물에 관한 내 의견과 그 이유, 내가 그 인물이 된다면 어떻게 하고 싶은지 생각 덧붙이기	보고서 상호평가 체크리스트

+ 에듀테크 활용 방법

1) 북 크리에이터

북 크리에이터는 학생들의 활동 결과물을 전자책 형태로 제작할 수 있는 유용한 툴입니다. 기본 메뉴에 대한 간단한 안내 후에는 중점 학습 활동 내용을 제시하고 학생들이 자신만의 아이디어로 내용을 구성하고 이미지, 동영상, 음성 자료 등을 추가하여 손쉽게 전자책을 완성하고 학기 말 학생 활동 결과물은 웹상에 출판하여 여러 사람과 공유하거나 PDF 형태로 저장하여 보관할 수 있습니다.

[북 크리에이터]
Library의 책 한 번에 보기

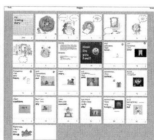

[북 크리에이터]
학생 포트폴리오 샘플

[북 크리에이터] 줄거리 요약하기와
내 의견 작성하기 샘플

2) Google 스프레드시트

　　Google 스프레드시트는 구글의 핵심 앱 중의 하나로, 간단하게 링크 하나로 다양한 형태의 자료를 실시간으로 공동 수합하고 분석할 수 있는 툴입니다. 선택한 셀 혹은 시트 전체에 대해 댓글 기능을 활용하여 다른 모둠원들의 자료에 피드백을 제공하고, 이를 반영하여 자료를 손쉽게 수정할 수 있습니다.

이해하기 힘든 단어 함께 확인하기

영어 동화책 문장 함께 쓰기

셀 혹은 시트 전체에 대한 댓글 기능 활용하여 의견 주고받기

3) 클래스카드

　　클래스카드는 영어 어휘 및 문장 암기를 위한 다양하고 흥미로운 활동과 기능을 제공하는 유용한 영어 학습 웹사이트입니다. 학습자는 클래스카드 앱을 통해 언제 어디서든 필요한 어휘, 뜻, 발음을 확인할 수 있는 어휘 목록에 접근할 수 있고, 다양한 형태의 활동을 통해 학습자에게 학습해야 하는 어휘를 꾸준히 노출시켜줍니다. 학습자의 활동별 랭킹 확인이나 퀴즈 배틀 등으로 학습 동기를 유발할 수 있습니다.

[클래스카드] 어휘 세트

퀴즈 배틀

수업 활용 어휘 목록 샘플

투닝[Tooning]을 활용한 영어 웹툰 제작 주제 선택 수업

교사 **대구 화원중 권혜진**

+ 에듀테크

 >> 주 활용 에듀테크: **투닝**[Tooning]
 >> 연계 활용 에듀테크: **퀵드로우**[Quick, Draw!], **오토드로우**[AutoDraw], **Google 잼보드**[Google Jam Board], **패들렛**[Padlet]

+ 교수학습 주제 English webtoon for the better future(자유학기제 주제 선택 수업)

+ 에듀테크 활용 교수학습 개요

중학교 1학년 자유학기제 주제 선택 수업은 학생들의 꿈과 끼를 발산하고 잠재력과 자기주도적 학습 능력을 신장하도록 합니다. 이에 학생들이 평소에 많이 접하고 관심을 갖고 있는 웹툰을 투닝을 활용해 제작해 봄으로써 자연스럽게 영어 능력을 향상시킬 수 있도록 수업을 설계하였습니다. 특히, 퀵드로우와 오토드로우의 AI를 활용한 그림 그리기 기능을 통해 쉽게 AI가 무엇이고 어떻게 활용될 수 있을지를 실습을 통해 생각해 보도록 합니다. Google 잼보드를 이용하여 스토리보드를 그려보고 이를 바탕으로 투닝을 활용한 영어 웹툰을 완성하여 패들렛을 통해 공유해 봅니다.

+ 에듀테크 활용 환경

 >> **대상**: 학년 (중 1), 학생 수 (17)
 >> **교실 인프라 환경**: 교사 (PC, TV), 학생 (크롬북 17대)

+ 에듀테크 활용 교수학습 과정

	세부활동	에듀테크 도구
1차시	• 활동 1. 관련 영상 시청 후 AI란 무엇인가에 대해 토의해 보기 • 활동 2. 퀵드로우로 AI 머신 러닝 체험하기 • 활동 3. 오토드로우로 AI 그림 기능 체험하기	퀵드로우 오토드로우
2차시	• 활동 1. 나의 인생 웹툰 소개하기 • 활동 2. Google 잼보드로 나만의 웹툰 스토리보드 작성하기 • 평가 모둠별 선정한 주제를 토대로 개인별 스토리보드 완성하기	Google 잼보드

3차시	● 활동 1. 투닝으로 나만의 웹툰 만들기 ● 활동 2. 패들렛에 자신의 작품 게시하기 ● 평가 투닝으로 개인별 웹툰 제작하기	투닝 패들렛

✛ 에듀테크 활용 교수학습 설계

교과	영어	학년 학기	중등 1학년
차시	1~3차시	학생 수	17
단원	English webtoon for the better future(자유학기제 주제 선택 수업)		
배움 목표	·AI의 개념을 이해하여 이를 활용한 영어 웹툰을 제작할 수 있다.		
성취기준	·[9영04-03]일상생활에 관한 그림, 사진, 또는 도표 등을 설명하는 문장을 쓸 수 있다. ·[9영04-05]자신이나 주변 사람, 일상생활에 관해 짧고 간단한 글을 쓸 수 있다.		

차시	주제	교수학습활동	자료 및 유의점
1 차시	관련영상시청후 AI란 무엇인가에 대해 토의해 보기	·AI에 대한 영상을 시청한 후, AI가 무엇인가에 대해 모둠별 토의 후 발표하기	🔍[Google 클래스룸]-[자료] ·Google 클래스룸에 AI와 관련된 영상 자료를 탑재한 후 모둠별로 다른 영상 을 시청하도록 하기
	퀵드로우로 AI 머신 러닝 체험 하기	·퀵드로우를 통해 머신 러닝 기술이 학습을 통해 낙서를 인식하는지 체험해 보기 ·신경망이 인식한 그림과 다른 사람들 이 그린 그림을 참고하여 AI가 어떻게 학습하는지에 대해 생각하여 발표하기	🔍[퀵드로우]-[그리기] ·학생에 따라 어려운 제시어가 나오기 도 하므로 충분한 시간과 기회를 부여 하기
	오토드로우로 AI 그림 기능 체험하기	·머신 러닝을 통해 학습한 AI가 사람이 그린 그림을 어떻게 인식하여 그림을 완성하는지 체험해 보기 ·완성한 그림을 Google 클래스룸에 링 크로 게시하기 ·다른 친구들의 작품을 감상하고 댓글 로 한 줄 감상평 작성하기	🔍[오토드로우]-[그리기] ·로그인을 하지 않기 때문에 완성된 그 림을 다운로드하거나 링크로 공유해두 지 않으면 그림이 사라질 수 있으므로 유의하기
2 차시	나의 인생 웹툰 소개하기	·웹툰의 개념 이해하기 ·모둠별로 친구들에게 나의 인생 웹툰 소개하기	

차시	주제	교수학습활동	자료 및 유의점
2 차시	Google 잼보드로 나만의 웹툰 스토리보드 작성하기	· '더 나은 미래를 위한 웹툰'이라는 대주제 아래 모둠별 웹툰 주제를 토의하여 정하기 · Google 잼보드 배경에 캔바 템플릿을 활용하여 스토리보드 템플릿을 설정하고 이를 Google 클래스룸 과제-학생별 사본 제공으로 개인별 스토리보드를 작성하도록 하기 · 개인별 Google 잼보드에 스티커 메모를 통해 피드백 제공하기	🔍 [Google 잼보드]-[그리기] · 크롬북과 펜을 이용해서 화면상에서 바로 스토리보드를 작성하기
3 차시	투닝으로 나만의 웹툰 만들기	· 투닝의 다양한 기능 소개하기 · AI 기능을 활용하여 쉽고 빠르게 웹툰을 제작하는 방법 익히기 · 스토리보드를 바탕으로 투닝을 활용하여 나만의 웹툰 제작하기 · 모둠별로 정한 주제에 대해 개인별 웹툰 그리기	🔍 [투닝]-[투닝 제작하기] · 투닝의 다양한 기능(템플릿, 캐릭터, 텍스트, 말풍선, 요소, 배경 등)을 활용하여 자신이 미리 정한 스토리가 잘 드러날 수 있도록 영어 웹툰 제작하기 · 학생들은 학교에서 발급한 Google 계정으로 회원가입 · 무료 계정은 작업 페이지 수가 10개로 제한되어 있으므로 해당 컷 내에 스토리 구현하기
	패들렛에 자신의 작품 게시하기	· 패들렛에 완성한 자신의 작품 게시하기 · 소감 발표하기	🔍 [투닝]-[링크 공유/복사] [패들렛]-[링크 게시] · 제작한 자신의 웹툰을 패들렛에 게시하여 공유하기

차시	교수학습활동	평가내용	평가 방법
2 차시	활동 1. 나의 인생 웹툰 소개하기 활동 2. Google 잼보드로 나만의 웹툰 스토리 보드 작성하기	· 모둠별 선정한 주제를 토대로 개인별 스토리보드 완성하기 · [Google 잼보드]의 [스토리보드]에 주제에 알맞은 내용 입력하기	스토리보드 자기평가 관찰평가
3 차시	활동 1. 투닝으로 나만의 웹툰 만들기 활동 2. 패들렛에 자신의 작품 게시하기	· [투닝]으로 개인별 [웹툰 제작]하기 · 투닝을 활용하여 제작한 개인별 웹툰을 패들렛에 게시하기 · 작품 공유 및 감상, 소감 발표하기	산출물 자기평가 관찰평가 동료평가

+ 에듀테크 활용 방법

1) 퀵드로우, 오토드로우

　퀵드로우는 머신 러닝 기술이 학습을 통해 낙서를 인식하도록 함으로써 AI의 인식도를 직접 체험해 볼 수 있는 게임입니다. 오토드로우는 간단한 드로잉을 AI가 인식하여 적절한 그림으로 변환함으로써 쉽고 빠르게 그림을 그릴 수 있도록 하는 도구입니다. 학생들은 해당 도구들을 직접 사용해 보며 AI의 학습 원리를 익힐 수 있습니다.

[퀵드로우] 결과물　　　　　　　　　　　[오토드로우] 결과물

2) Google 잼보드

Google 잼보드는 디지털 화이트보드로서 배경에 원하는 템플릿을 넣어 다양한 수업에 활용할 수 있습니다. 특히, 만화 그리기와 같이 스토리보드가 필요한 경우, 크롬북과 펜을 활용하면 잼보드에 바로 스토리보드를 쉽고 빠르게 작성할 수 있습니다.

[Google 잼보드] 활용 스토리보드 작성하기

3) 투닝

투닝은 다양한 컨텐츠와 템플릿을 제공하여 누구나 웹툰을 그릴 수 있도록 하는 플랫폼입니다. 특히, AI 기능(문장으로 툰 생성, 그림으로 요소 검색, 사진으로 캐릭터 생성, 글로 캐릭터 연출)을 활용하여 편리하게 캐릭터와 이야기를 꾸며 웹툰을 제작할 수 있습니다.

[투닝] 학생 웹툰 예시 1

[투닝] 학생 웹툰 예시 2

155

북 크리에이터[Book Creator]를 활용한 e-book 제작 프로젝트 수업

교사 **대구 화원중 권혜진**

+ 에듀테크

» 주 활용 에듀테크: **북 크리에이터**[Book Creator]
» 연계 활용 에듀테크: **멘티미터**[Mentimeter], **Google 잼보드**[Google Jam Board], **Google 클래스룸**[Google Classroom], **Google 문서**[Google Docs], **캔바**[Canva], **패들렛**[Padlet]

+ 교수학습 주제 영어 Feel the rhythm of Korea(프로젝트 수업)

+ 에듀테크 활용 교수학습 개요

이 수업은 다양한 한국 문화를 제대로 알리는 영문 자료가 생각보다 많지 않다는 문제의식에서 출발합니다. 이에 학생들이 한국 문화를 소개하는 자신만의 영문 기사 글을 작성하고 이를 북 크리에이터를 활용하여 e-book을 만들어 보는 프로젝트 수업을 실시합니다. 멘티미터와 Google 잼보드를 활용한 브레인스토밍을 통해 스스로 주제를 선택하고 다른 학생들의 주제를 살펴봅니다. 북 크리에이터와 연계한 캔바를 통해 e-book의 다양한 구성요소를 책 속에 구현하여 온라인상에 출판한 e-book을 패들렛을 활용해 공유함으로써 과정 중심 평가와 연계하도록 합니다.

+ 에듀테크 활용 환경

» **대상**: 학년 (중 2), 학생 수 (19)
» **교실 인프라 환경**: 교사 (PC, TV), 학생 (크롬북 19대)

+ 에듀테크 활용 교수학습 과정

	세부활동	에듀테크 도구
1차시	● 활동 1. 멘티미터로 주제 브레인스토밍 하기 ● 활동 2. 영문 기사글의 주제를 정하고 Google 잼보드로 공유하기 ● 활동 3. 세부 주제에 대한 자료 조사하기	Google 잼보드 Google 클래스룸
2~3차시	● 활동 1. 영문 기사 글의 구조 알아보기 ● 활동 2. 영문 기사 글 초안 완성 후 Google 클래스룸 기준표로 피드백 받기 ● 평가 외국인에게 한국 문화를 소개하는 영문 기사 글을 작성하기	Google 클래스룸 Google 문서

| 4차시 | • 활동 1. 북 크리에이터와 캔바로 영문 e-book 제작하기
 • 활동 2. 패들렛에 자신의 작품 게시하기
 • 평가 외국인에게 한국 문화를 소개하는 영문 e-book 완성하기 | 북 크리에이터
 캔바
 패들렛 |

✦ 에듀테크 활용 교수학습 설계

교과	영어	학년 학기	중등 2학년
차시	1~4차시	학생 수	19
단원	Feel the rhythm of Korea(프로젝트 수업)		
배움 목표	· 한국에 관심 있는 외국인들을 위한 한국 문화 소개 e-book을 제작할 수 있다.		
성취기준	· [9영04-01]일상생활에 관한 주변의 대상이나 상황을 묘사하는 문장을 쓸 수 있다. · [9영04-02]일상생활에 관한 자신의 의견이나 감정을 표현하는 문장을 쓸 수 있다. · [9영04-03]일상생활에 관한 그림, 사진, 또는 도표 등을 설명하는 문장을 쓸 수 있다. · [9영04-05]자신이나 주변 사람, 일상생활에 관해 짧고 간단한 글을 쓸 수 있다.		

차시	주제	교수학습활동	자료 및 유의점
1 차시	멘티미터로 주제 브레인 스토밍 하기	· 모둠별로 한국을 대표하는 것들에 대해 토의해 보고 모둠장이 멘티미터에 입력하기	🔍 [멘티미터]-[워드클라우드] · Entries per participant를 10개 이상 으로 설정하여 자유롭게 브레인스토밍 하기
	영문 기사 글의 주제를 정하고 Google 잼보드로 공유하기	· 멘티미터를 참고하여 자신이 작성할 영문 기사 글의 주제 정하기 · Google 잼보드에 주제와 관련 이미지를 게시하여 공유하기	🔍 [Google 잼보드]-[이미지 추가, 스티커 메모] · Check-in template을 활용하여 한눈에 주제 확인 가능
	세부 주제에 대한 자료 조사하기	· 세부 주제 3가지를 정하고 관련 내용에 대해 조사하기 · Google 클래스룸에 과제로 부여된 초안에 조사한 내용 기재하기	🔍 [Google 클래스룸]-[과제] · 세부 주제 관련 조사한 내용을 Google 문서에 기재 📁 자료[Google 문서]

차시	주제	교수학습활동	자료 및 유의점
2~3 차시	영문 기사 글의 구조 알아보기	· 영문 기사 글의 구성요소 알아보기 · 예시 글을 분석하여 영문 기사 글 작성 시 반드시 포함되어야 하는 요소를 확인하기	🔎 [Google 클래스룸]-[기준표] · 기준표에 채점 기준표를 체크리스트로 제공하기 · 교사는 초안에 댓글과 기준표를 활용하여 적절한 피드백을 제공하고 학생들은 이를 참고하여 자신의 글을 고쳐 쓰도록 하기
	영문 기사 글 초안 완성 후 Google 클래스룸 기준표로 피드백 받기	· Google 클래스룸에 개인별 사본 과제로 부여된 Google 문서에 개요를 바탕으로 한국 문화를 소개하는 영문 기사 글 초안 완성하기 · 미리 교사가 입력한 기준표를 바탕으로 채점 기준을 확인하면서 기사 글 완성하기 · 교사는 Google 클래스룸 상의 과제에 바로 피드백을 부여하기	
4 차시	북 크리에이터와 캔바로 영문 e-book 제작하기	· 학생들을 캔바 수업에 초대하기 · 북 크리에이터를 통해 영문 기사 글과 간단한 소개 내용을 덧붙여 외국인에게 한국 문화를 소개하는 영문 e-book 완성하기 · Publish online 기능을 이용하여 공유하기	🔎 [캔바]-[수업 생성]-[회원 초대] · Google 클래스룸을 통해 사전에 학생들을 캔바 수업에 초대하여 교육용 캔바의 프리미엄 기능을 활용할 수 있도록 하기 🔎 [북 크리에이터]-[책자 제작 및 공유] · 북 크리에이터로 영문 e-book 완성하여 공유하기
	패들렛에 자신의 작품 게시하기	· 온라인상에 출판한 북 크리에이터 책자를 패들렛 상에 게시하기	🔎 [패들렛]-[링크 게시] · 북 크리에이터 책자를 Publish online 한 후 생성된 링크를 패들렛에 게시하기

✛ 에듀테크 활용 교수학습 평가 계획

차시	교수학습활동	평가내용	평가 방법
2~3 차시	활동 1. 영문 기사 글의 구조 알아보기 활동 2. 영문 기사 글 초안 완성 후 Google 클래스룸 기준표로 피드백 받기	· 주어진 조건(목표 언어 형식, 영문 기사 글의 구조 및 반드시 포함해야 하는 정보 등)을 준수하여 외국인에게 한국 문화를 소개하는 영문 기사 글을 작성하기	산출물 체크리스트 관찰평가
4 차시	활동 1. 북 크리에이터와 캔바로 영문 e-book 제작하기 활동 2. 패들렛에 자신의 작품 게시하기	· 외국인에게 한국 문화를 소개하는 영문 e-book 완성하기 · [북 크리에이터]-[Publish online] 기능을 활용하여 자신의 책을 출판하고 [패들렛]에 자신의 작품을 게시하기	e-book 체크리스트 관찰평가

+ 에듀테크 활용 방법

1) Google 잼보드

Google 잼보드는 실시간 상호작용 화이트보드 시스템으로서, 다양한 템플릿을 활용하여 좀 더 다양한 수업을 구현해 볼 수 있습니다. 해당 수업에서는 Check-in 템플릿을 캔바로 제작하여 배경으로 만들어 학생들의 목표 달성도를 빠르게 확인해 보았습니다.

[Google 잼보드]-[Check-in template 배경]

2) Google 클래스룸

Google 클래스룸의 기준표 기능을 활용해 학생들이 채점 기준표를 참고하여 과제를 완성하도록 합니다. 특히, 과제를 작성할 때 준수해야 할 기준 목록을 체크리스트 형태로 제시하면 교사가 빠르게 피드백을 주고, 학생들은 어떤 부분을 보충하여 과제를 완성해야 할지를 확인하기가 용이합니다.

[Google 클래스룸]-[기준표] 피드백 부여하기

3) 북 크리에이터

북 크리에이터는 무료로 멀티미디어 e-book을 제작할 수 있는 플랫폼입니다. 북 크리에이터를 통해 영문 e-book을 완성하고 Publish online 기능을 이용하여 온라인상에서 출판한 후 패들렛에 자료를 게시하도록 합니다. Publish library online 기능으로 library 전체를 출판하는 것도 가능합니다.

[북 크리에이터] e-book 제작하기   e-book 공유

에듀테크로 신나게 민요 캠페인송 만들기

교사 **경기 효명중 오한나**

✚ 에듀테크

» 주 활용 에듀테크: **Chrome 뮤직 랩**[Chrome music lab] **송 메이커**

» 연계 활용 에듀테크: **Chrome 뮤직 랩**[Chrome music lab], **Google 드라이브**[Google Drive], **Google 스프레드시트**[Google Sheets], **오디오 병합**[Audio Joiner], **투닝**[Tooning], **패들렛**[Padlet]

✚ 교수학습 단원 음악 2. 멋스러운 우리 음악[중등 1학년, 지학사]

✚ 에듀테크 활용 교수학습 개요

동부민요조 〈쾌지나 칭칭 나네〉의 메기는 소리(장단, 선율, 창작)를 창작하고, 학급 전체가 협업하여 캠페인송을 만드는 수업입니다. Google 스프레드시트를 정간보로 활용하여 장단을 창작하고, Chrome 뮤직 랩 – 송 메이커로 가락선 악보를 만들어서 음원을 저장했습니다. 학급 전체가 만든 음원을 오디오 병합 사이트에서 병합하고, 투닝으로 웹툰을 그려서 캠페인송 영상 제작을 했습니다.

✚ 에듀테크 활용 환경

» **대상**: 학년 (중1), 학생 수 (31)

» **교실 인프라 환경**: 교사 (PC, TV), 학생 (스마트폰 31대)

✚ 에듀테크 활용 교수학습 과정

	세부활동	에듀테크 도구
1차시	● 활동 1. 〈쾌지나 칭칭 나네〉를 감상하고, 민요의 메기고 받는 형식 설명하기 ● 활동 2~3. 자진모리 장단, 동부민요조 음계 배우기	Google 설문지
2차시	● 활동 1. 자진모리 장단 창작하고 발표하기 ● 활동 2. Chrome 뮤직 랩-송 메이커에 장단 및 선율 창작해서 입력하기	Google 스프레드시트 Chrome 뮤직 랩 패들렛

3차시	• 활동 1. 학급 캠페인송 주제 선정, 가사 작성하기 • 활동 2. 가사 우수작 선정, 가창 연습하며 선율 보완	패들렛 Google 스프레드시트
4차시	• 활동 1. 민요 창작물을 음원 파일로 다운받고, 1개 음원으로 병합하기 • 활동 2. 병합한 음원에 맞추어 가창 연습하기 • 활동 3. 민요 가창 녹음하기	Chrome 뮤직 랩 Google 드라이브 오디오 병합
5차시	• 활동 1. 가사를 표현하는 웹툰을 1인 1장 그리기 • 활동 2. 웹툰 업로드해서 공유하기	투닝 Google 드라이브
6차시	• 활동 1. 영상 소스(민요 녹음 음원, 웹툰 파일)를 일괄 다운로드하기 • 활동 2. 영상 제작하고 완성본 발표하기	Google 드라이브 영상 제작 앱

교과	음악	학년 학기	중등 1학년
차시	1~6차시	학생 수	31
단원	2. 멋스러운 우리 음악 [지학사]		
배움 목표	·〈쾌지나 칭칭 나네〉의 메기는 소리(장단, 선율, 가사)를 창작하여 캠페인송 영상을 만들 수 있다.		
성취기준	·[9음01-01] 악곡의 특징을 이해하며 개성 있게 노래 부르거나 악기로 연주한다. ·[9음01-03] 음악의 구성을 이해하여 주어진 조건에 따라 간단한 음악 작품을 만든다. ·[9음02-01] 중학교 1~3학년 수준의 음악 요소와 개념을 구별하여 표현한다.		

차시	주제	교수학습활동	자료 및 유의점
1 차시	〈쾌지나 칭칭 나네〉 감상하기 민요의 메기고 받는 형식 설명하기	·〈쾌지나 칭칭 나네〉 영상 감상하며 받는 소리 함께 가창하기 · 민요의 메기고 받는 형식 설명하기	
	자진모리 장단 배우기	· 자진모리 장단 배우기: 말 붙임새→ 구음→ 장구 부호 순서로 장단을 알려주고 학생들과 함께 부르기	
	동부민요조 음계 배우고 분석하기	·〈쾌지나 칭칭 나네〉 악보에서 주요음 미, 라, 도를 직접 찾기	
2 차시	자진모리 장단 창작하고 발표	· 자진모리 장단을 창작하고, 장구 구음을 학급 전체가 입력하여 발표하기	🔎 [Google 스프레드시트]
	Chrome 뮤직 랩 – 송메이커 설정 변경 장단, 선율 창작해서 입력	· 4박 3분박인 자진모리 장단과 동부민요조 5음 음계 입력을 위해, Chrome 뮤직 랩 – 송 메이커 설정 변경하기 · 받는 소리 – 메기는 소리 순으로 장단, 선율 입력하기	📁 자료[Chrome 뮤직 랩]–[송 메이커] 설정 변경

차시	주제	교수학습활동	자료 및 유의점
3 차시	학급 캠페인송 주제 정하기 가사 협업해서 작성	· 캠페인송 주제에 대해 마인드맵 작성하기 · 1인 1가사를 작성하고, 흐름에 맞게 수정하기	🔍 [패들렛]-[캔버스] 🔍 [Google 스프레드시트] 📁 자료[Google 스프레드시트] 사용법 [QR코드]
	가사 우수작을 선정하고, 가창 연습하며 선율 보완하기	· 모둠을 편성하고 패들렛에서 선정한 가사 우수작 8편을 모둠별로 담당하여 가창 연습하기 · 가창하면서 송 메이커 선율 보완하기	
4 차시	송 메이커 완성본을 구글 공유 드라이브에 올리기	· 교사가 학급 전체 학생에게 콘텐츠 관리자 권한으로 다운로드하고, Google 드라이브에 올리기	📁 자료[Google 드라이브] 업로드하는 법 [QR코드]
	음원 병합하여 반주 음원 완성하고, 모둠별 가창 연습하기	· 오디오 병합 사이트에서 음원을 일괄 병합하고, 학급 Google 드라이브에 업로드하기 · 완성된 음원에 맞추어 가창 연습하기	🔍 [오디오 병합] 📁 자료[오디오 병합]에서 음원 병합 하는 법 [QR코드]
	민요 가창 녹음	· 학급 전체가 받는 소리, 각 모둠이 메기는 소리를 담당하여 음원에 맞추어 녹음하기	
5 차시	가사를 표현 하는 웹툰1인 1장씩 그리기	· 모둠별 영상 스토리보드 작성 · 1인 1장씩 웹툰 그리기	🔍 [투닝]
	학급 공유 Google 드라이브에 웹툰 업로드	· 완성한 웹툰은 학급 공유 Google 드라이브에 업로드하기	🔍 [Google 드라이브]
6 차시	학급 공유 Google 드라이브에서 영상 소스 다운	· 민요 녹음한 음원, 웹툰을 기기에 일괄 다운로드하기	🔍 [Google 드라이브] 📁 자료[Google 드라이브] 파일 일괄 다 운받는 법 [QR코드]
	영상 제작하고 완성본 발표하기	· 영상 편집 앱으로 음원과 웹툰이 싱크가 맞도록 영상 제작 · 학급 공유 Google 드라이브에 영상 완성본 업로드해서 발표하기	

+ 에듀테크 활용 교수학습 평가 계획

차시	교수학습활동	평가내용	평가 방법
1 차시	활동 1. 민요의 메기고 받는 형식 설명하기 활동 2~3. 자진모리 장단, 동부민요조 음계 배우기	· 메기고 받는 형식, 자진모리 장단, 동부민요조 5음 음계의 특징에 대해 [Google 설문지]로 형성평가하기	설문지
2~6 차시	활동 1. 메기는 소리 장단, 선율 창작 활동 2. 캠페인송 가사 창작 활동 3. 가창 연습 및 녹음 활동 4. 웹툰 창작 활동 5. 영상 창작	· 장단, 선율을 [Chrome 뮤직 랩]-[송 메이커]에서 창작하기 · [패들렛]에 공유하기 · 캠페인송 가사를 흐름에 맞게 창작하기 · [Google 스프레드시트]에 작성해서 공유하기 · 가사를 반영하여 웹툰 만들기 · [투닝]으로 그리고, 학급 공유 [Google 드라이브]에 올리기 · 영상은 음원과 웹툰의 싱크가 맞도록 제작하기 · 학급 공유 [Google 드라이브]에 올리고 피드백 나누기	결과물 자기평가 동료평가 관찰평가

Chrome 뮤직 랩 – 송 메이커, Google 스프레드시트

4박 3분박인 자진모리 장단과 5음 음계 동부민요조 선율을 입력하기 위해, Chrome 뮤직 랩 – 송 메이커의 설정을 수정합니다. 송 메이커는 디지털교과서에서 실음이 들리는 가락선 악보로 활용할 수 있습니다. Google 스프레드시트를 정간보로 활용하여 창작한 장단의 구음을 입력합니다.

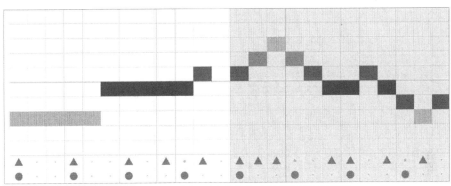

[Chrome 뮤직 랩]–[송 메이커] **메기는 소리 선율, 장단 창작하기**

학번	메기는 소리 1소절(배려)	1박			2박			7	3박	9(따)
		1	2	3	4	5	6	7	8	9(따)
1601	북도에서 뛰지말자	덩		덕		쿵	쿵	덩		따
1602	친구를 때리지 말자	덩		쿵	덕	쿵	덕	덩		따
1603	순서를 잘지켜 줄을 서자	덩	덩	궁	덩	덩	궁	덩		따
1604	북도에서 뛰지말자	덩			덕			덩		따
1605	복도에서 뛰지말자	덩			궁			덩		따
1606	복도에서 뛰지 말자	궁	덩	덩	궁	따	따	덩		따
1607	입장 바꿔 생각하자	덩			따			덩		따
1608	북도에서 뛰지말자	덩		덩	따	쿵	따	덩		따
1609	친구를존중해주자	따	덩		따	궁		덩		따
1610	급식실에서 떠들지 말자	궁		따	궁		따	덩		따
1611	복도에서 뛰지말자	덩		따	덕		덕	덩		따
1612	급식실에서 조용히 하자	덩			덩			덩		따
1614	복도는 막지말고	쿵		따				덩		따
1615	북도 에서는 우측통행	따	궁		궁	따	따	덩		따
1616	수업시간에 장난치지 말자							덩		따
1617	복도에서는 질서있게	덩		따		쿵	따	덩		따
1618	수업 시간엔 조용히 하자	덩	따		덩	따		덩		따
1619	북도에서 뛰지말자	덩		쿵	따			덩		따
1620	복도에서 걸어다니자	궁	따	궁				덩		따

[Google 스프레드시트] **장단 구음 및 가사를 입력해서 공유하기**

AI 음악과 음성으로 소설 오디오북 만들기

교사 **경기 효명중 오한나**

+ **에듀테크**
  - » 주 활용 에듀테크: **아이바**[AIVA]
  - » 연계 활용 에듀테크: **Google 드라이브**[Google Drive], **브루**[Vrew], **캔바**[Canva], **Chrome 뮤직 랩**[Chrome music lab] **아르페지오, 패들렛**[Padlet]

+ **교수학습 단원** 음악 1. 표현하고 느끼는 음악[중등 1학년, 지학사]

+ **에듀테크 활용 교수학습 개요**

> 국어 교과서에 실린 소설을 오디오북으로 만드는 융합 수업입니다. 소설에 어울리는 배경음악은 AI 작곡 사이트 아이바에서 음악의 조성, 장르, 악기 편성, 속도 등을 직접 선택하여 만듭니다. 소설 나레이션은 AI 영상 편집기 브루에서 AI 음성을 추가하여 완성합니다. 소설 오디오북을 만들면서 AI가 음악에 적용되는 과정 및 TTS(Text To Speech)에 대해 체험합니다.

+ **에듀테크 활용 환경**
  - » **대상**: 학년 (중1), 학생 수 (31)
  - » **교실 인프라 환경**: 교사 (PC, TV), 학생 (컴퓨터 31대)

+ **에듀테크 활용 교수학습 과정**

	세부활동	에듀테크 도구
1차시	● 활동 1. 아이바 사이트 가입, 메뉴 탐색 ● 활동 2. Generation Profiles 메뉴에서 작곡하고 공유 ● 활동 3: 인공지능 개념 살펴보기 ● 평가 공유한 작품 살펴보며 피드백	아이바 패들렛
2차시	● 활동 1. 자신이 담당한 소설 대목의 분위기 파악 ● 활동 2. 장, 단조 조성의 차이 탐색 ● 활동 3. Preset Styles 메뉴에서 음악적 조건을 선택하여 소설에 어울리는 AI 음악 작곡 ● 평가 소설 대목과 배경음악을 공유하여 발표	아이바 Chrome 뮤직 랩- 아르페지오 패들렛

	세부활동	에듀테크 도구
3차시	● 활동 1. 브루에서 소설 문장을 AI 음성으로 변환 ● 활동 2. 아이바로 만든 배경음악과 AI 음성을 합성 ● 활동 3. 소설에 어울리는 이미지 삽입, 영상 출력 ● 평가 완성된 오디오북 영상을 감상하고 피드백	브루 캔바
4차시	● 활동 1. 현행 저작권법의 정의를 찾아보기 ● 활동 2. AI 저작권에 대한 자료를 패들렛에 수집하기 ● 활동 3. AI 저작권에 대해 토론하기 ● 평가 발표 우수작을 선정하고 피드백	패들렛

교과	음악(국어 융합)	학년 학기	중등 1학년
차시	1~4차시	학생 수	31
단원	1. 표현하고 느끼는 음악 [지학사]		
배움 목표	·AI를 활용하여 소설에 어울리는 배경음악과 나레이션을 제작하여 오디오북을 만들 수 있다.		
성취기준	·[9음01-03] 음악의 구성을 이해하여 주어진 조건에 따라 간단한 음악 작품을 만든다. ·[9음02-02] 다양한 연주형태의 음악을 듣고 음악의 특징을 구별하여 설명한다.		

차시	주제	교수학습활동	자료 및 유의점
1차시	아이바 가입, 메뉴 탐색	·아이바의 메뉴를 탐색하며 체험하기	
	Generation Profiles 메뉴에서 작곡, 공유	·조성, 음악 장르를 자동으로 설정하여 AI 작곡 체험 ·작곡 결과물을 듣고 떠오른 느낌에 맞게 곡목 정하기 ·작곡 결과물에 어울리는 이미지를 찾고, 작곡 링크와 함께 공유해서 발표하기	[패들렛] 자료 [아이바] ·가입, Generation Proifles 사용법
	인공지능 개념 배우기	·아이바는 인공지능의 강화학습, 딥러닝을 적용하여 작곡 공부를 했다고 설명하기	
2차시	자신이 담당한 소설 대목의 분위기 파악	·국어 수업에서 배운 소설의 한 대목을 정해서 읽기 ·소설의 분위기를 파악하고, 어울리는 음악의 이미지 상상하기	
	장, 단조 차이 탐색	·〈학교 종〉을 장조, 단조 버전으로 들려주며 장단조의 느낌 비교하기 ·장/단3화음을 직접 탐색하기	[Chrome 뮤직 랩]-[아르페지오]
	Preset Styles 메뉴에서 음악적 조건을 선택하여 소설에 어울리는 AI 음악 작곡	·다양한 음악 장르, 조성, 분위기, 속도 등을 선택해서 작곡하는 모습 시연 ·이 메뉴에서 제시된 다양한 음악 장르를 미리듣기로 탐색하기 ·소설에 어울리는 배경음악을 음악적 조건을 넣어서 창작하고 발표하기	자료 [아이바] ·Preset Styles 사용법 [패들렛]
	브루에서 소설 문장을 AI 음성으로 변환	·브루에 소설 문장을 입력하기 ·소설에 어울리는 목소리를 선택하기	[브루]-새로 만들기-AI 목소리 시작하기

차시	주제	교수학습활동	자료 및 유의점
3차시	아이바로 만든 배경음악과 AI 음성 합성	· 아이바에서 작곡한 배경음악 저장하기 · 브루 메뉴 중 배경음악 – 배경음악 선택 – PC에서 불러오기 – 아이바 음악 삽입 · 배경음악이 포함될 적용 범위를 선택 – 삽입하기 클릭	· 아이바는 무료 요금제에서 월3회만 다운로드 가능
4차시	현행 저작권법의 정의 찾기	· http://law.go.kr에서 저작권법을 검색하여 보여주기 · 저작물은 인간의 사상 또는 감정을 표현한 창작물이라는 정의 확인하기	
	AI 저작권에 대한 자료 수집하기	· 국내, 국외의 AI 저작권 사례를 1인 1개 이상 찾고, 내용을 요약해서 공유하기 · 다른 학생들이 올린 자료를 보면서 현행 AI 저작권의 상황, 문제점을 댓글로 쓰기	[패들렛]
	AI 저작권에 대해 토론하기	· 저작권은 1) 작품을 창작한 사람, 2) AI 개발자, 3) AI 자체가 받아야 한다 4) 기타 의견 항목으로 나누어서 토론 진행 · 투표 기능으로 발표 우수작 선정하기	

+ 에듀테크 활용 교수학습 평가 계획

차시	교수학습활동	평가내용	평가 방법
1차시	활동 1~2. 아이바 사이트에 가입하고 Generation Profiles 메뉴에서 작곡하고 공유 활동 3: 인공지능 개념 살펴보기	· 완성된 작곡 결과물에 어울리는 이미지를 적절히 선택하고, 그 이유를 쓰기 · [패들렛]에 게시하기	결과물 자기평가 동료평가 관찰평가
2차시	활동 1. 소설 대목의 분위기 파악 활동 2. 장, 단조의 차이 탐색 활동 3. Preset Styles 메뉴에서 음악적 조건을 선택하여 소설에 어울리는 AI 음악 작곡	· 소설 속 상황, 등장인물에 맞게 음악적 조건(음악 장르, 조성, 분위기, 속도 등)을 선택하고 발표하기 · [패들렛]에 게시하기	
3차시	활동 1. 브루에서 소설 문장을 AI 음성으로 변환 활동 2. 아이바로 만든 배경음악과 AI 음성을 합성 활동 3. 소설에 어울리는 이미지 삽입, 영상 출력, 공유	· 소설에 어울리는 AI 목소리, 이미지를 선택하고 소설의 흐름에 맞게 배경음악을 삽입하고 발표하기 · 학급 공유 [Google 드라이브]에 업로드하기	
4차시	활동 1. 현행 저작권법 정의 찾기 활동 2. AI 저작권에 대한 자료 수집하기 활동 3. AI 저작권 토론하기	· AI 창작물은 누가 저작권을 받아야 하는지 이유를 논리적으로 제시하며 설명하기 · [패들렛]에 게시하기	

1) 아이바

아이바 메뉴 중 Generation Profiles는 조성, 속도, 곡의 길이를 선택하여 AI 작곡을 간단하게 체험할 때 사용하기 좋습니다. Preset Styles는 음악 장르, 조성, 감정, 속도까지 지정할 수 있습니다. 소설과 어울리는 배경음악을 아이바의 Preset Styles에서 작곡하고, 어떤 음악적 조건을 선택했는지 이유를 써서 패들렛에 공유했습니다.

f minor와 피아노 솔로 편성을 선택했습니다.
수남이가 책을 읽고 싶어도 일을 하느라 읽을 수 없는 상황이 불쌍한 느낌이 들었습니다. 그리고 밤 늦게 공부하는 것이 조용한 새벽의 느낌이 들었습니다. 그래서 적당히 조용하고 슬픈 느낌의 잔잔한 피아노 음악을 정했습니다

[아이바]-[Preset Styles]에서
작곡한 음악

[아이바]-[Preset Styles] 소설 상황과 어울리는 음악적 조건을 선택한 이유

2) 브루

브루에 소설 문장을 입력하여 AI 목소리가 읽어주는 기능을 활용했습니다. 브루는 웹 버전도 있으나, 컴퓨터에 프로그램 설치 후 무료 가입해야 영상 출력까지 가능합니다. 크롬북에서는 대안으로 네이버 클로바 더빙 웹 버전을 이용하여 소설 문장을 AI 음성으로 변환할 수 있습니다. 이후 캔바를 활용하여 이미지, 배경음악과 합성하여 학급 공동으로 오디오북 제작도 가능합니다.

그리고 서울 가서 무슨 짓을 하든지

[브루] 오디오북 예시

[브루] 오디오북 예시

에듀테크로 효과적인 수학 수업하기

교사 **경기 효명고 이현준**

✛ 에듀테크

» 주 활용 에듀테크: **데스모스**[Desmos]

» 연계 활용 에듀테크: **Google 설문지**[Google Forms], **Google 스프레드시트**[Google Sheets], **Google 클래스룸**[Google Classroom], **매쓰홀릭**

✛ 교수학습 단원 수학 5-2-1. 유리함수, [고등 1학년, 미래엔]

✛ 에듀테크 활용 교수학습 개요

유리함수 단원은 유리함수의 그래프에 대한 이해가 필수적입니다. 그래프의 평행이동에 따른 변화를 실제로 그래프를 보면서 이해하고, 스스로 그래프를 그려보는 작업을 통해 개념을 정확히 다질 수 있습니다. 데스모스 액티비티를 통해 학생들을 잘 통제하면서, 이 활동을 가능하게 할 수 있습니다. 단원학습 후에는 원하는 학생들과 함께 매쓰홀릭을 통해 만든 수준별 문제를 이용하여 서로 가르치고 배우고 협력하며 문제를 풀어보고 그 결과를 구글 설문지를 통해 기록합니다.

✛ 에듀테크 활용 환경

» **대상**: 학년 (고1), 학생 수 (30)

» **교실 인프라 환경**: 교사 (PC, TV), 학생 (크롬북 30대)

✛ 에듀테크 활용 교수학습 과정

세부활동	에듀테크 도구
1차시 • 활동 1. $y = \dfrac{k}{x}$ 꼴의 함수 탐구하기 • 활동 2. $y = \dfrac{k}{x-p} + q$ 꼴의 함수 탐구하기 • 활동 3. $y = \dfrac{ax+b}{cx+d}$ 꼴의 함수 탐구하기	데스모스 Google 클래스룸
2차시 • 활동 1. 수준별 학습지로 친구들과 문제 풀이 • 활동 2. 실시간으로 활동 내용 기록하기 • 활동 3. 활동 후 설문 작성하기	매쓰홀릭 Google 클래스룸 Google 설문지 Google 스프레드시트

교과	수학	학년 학기	고등 1학년
차시	1~2차시	학생 수	30
단원	5-2-1. 유리함수 [미래엔]		
배움 목표	· 유리함수의 성질을 이해하고 조건에 맞게 그릴 수 있다		
성취기준	· [10수학04-04] 유리함수 $y=\dfrac{ax+b}{cx+d}$의 그래프를 그릴 수 있고, 그 그래프의 성질을 이해한다.		

차시	주제	교수학습활동	자료 및 유의점
1 차시	$y=\dfrac{k}{x}$꼴의 함수 탐구하기	· k 값이 변함에 따라 함수가 어떻게 변하는지 직접 체험해 보기 · 그래프의 점근선 찾아보기	🔍 [Google 클래스룸] · 학생들이 구글 클래스룸을 통해 쉽게 액티비티에 접근할 수 있도록 하기 🔍 [데스모스]–[대시보드] · 학생들의 활동 현황을 실시간으로 확인하고 피드백 제공 · 학생들의 결과물을 익명화 처리한 후 스크린숏으로 공유하여 서로 아이디어를 나누거나 개선점을 토의할 수 있도록 유도하기 · 자신이 그린 그래프와 그래픽 계산기에 함수를 입력하여 나온 결과를 비교해 보고 자신의 아이디어에 오류가 없는지 확인하기 📁 자료[데스모스]–[액티비티]
	$y=\dfrac{k}{x-p}+q$ 꼴의 함수 탐구하기	· p와 q값이 변함에 따라 그래프와 대칭축, 점근선의 변화 관찰하기 · $y=\dfrac{k}{x-p}+q$ 그래프 실제로 그려보기 · $y=\dfrac{k}{x-p}+q$ 그래프를 그래픽 계산기에 입력한 후 확인하기	
	$y=\dfrac{ax+b}{cx+d}$ 꼴의 함수 탐구하기	· $y=\dfrac{ax+b}{cx+d}$를 $y=\dfrac{k}{x-p}+q$로 바꾸는 방법 이해하기 · $y=\dfrac{ax+b}{cx+d}$꼴의 그래프 실제로 그려보기 · $y=\dfrac{ax+b}{cx+d}$꼴의 그래를 그래픽 계산기에 입력한 후 확인하기	
2 차시	자신의 수준에 맞는 학습지 고르고 문제풀이	· 총 5가지 난이도로 구분된 유리함수 단원 정리 문제 중 자신에게 맞는 수준의 문제를 고르기	🔍 [매쓰홀릭]–[학습지] · 수준별 학습지를 만들고 학생들에게 배포하기
	친구들과 가르치고 배우고 협력하여 문제 풀이하기	· 주변 친구들과 협력하기도 하고 가르쳐주고 배우면서 문제 풀이하기	· 학생들은 매쓰홀릭 앱이나 웹앱, 혹은 프린트된 학습지 중 원하는 것을 고른 후 다른 학생들과 상호작용하며 문제 풀이를 하기

차시	주제	교수학습활동	자료 및 유의점
		· 친구들과 함께 해결하지 못한 문제는 교사에게 질문하여 차시에 풀이하기	🔍 [매쓰홀릭]-[매쓰톡] · 학생들은 교사에게 질문 할 문제를 실시간으로 올리기
2 차시	자신의 활동을 실시간으로 설문지에 기록하기	· 친구들과 상호작용한 모든 활동(가르쳐주기, 배우기, 협력하여 문제풀기)을 곧바로 구글 설문지를 통해 입력하기	🔍 [Google 설문지, 스프레드시트, 클래스룸] · 상호작용한 모든 활동은 곧바로 설문지를 통해 보고하고, 교사는 이를 실시간 차트로 띄워 학생들의 활동 상황을 모니터 하기

✛ 에듀테크 활용 교수학습 평가 계획

차시	교수학습활동	평가내용	평가 방법
1 차시	활동 1. $y = \dfrac{k}{x}$ 꼴의 함수 탐구하기 활동 2. $y = \dfrac{k}{x-p} + q$ 꼴의 함수 탐구하기 활동 3. $y = \dfrac{ax+b}{cx+d}$ 꼴의 함수 탐구하기	· 유리함수의 기본형을 정확히 이해하고 그리기 · 평행 이동한 유리함수의 그래프를 평행이동한 점근선을 바탕으로 그리기 · $y = \dfrac{ax+b}{cx+d}$ 꼴의 그래프를 · $y = \dfrac{k}{x-p} + q$ 꼴로 변형해 보기	학생들의 개별 슬라이드 결과물
2 차시	활동 1. 수준별 학습지로 친구들과 문제 풀이 활동 2. 실시간으로 활동 내용 기록하기 활동 3. 활동 후 설문 작성하기	· 다른 친구들과 서로 배우고 가르쳐 주고 협력하여 문제 해결하기 · 활동 후 배우고 느낀 점 정리하기	학생 활동 누적 데이터 산출물

+ 에듀테크 활용 방법

1) 데스모스

데스모스 액티비티는 교사가 만든 액티비티를 교사가 원하는 형태로 학생들이 체험하고 활동할 수 있도록 도와주는 도구입니다. 교과서를 기반으로 슬라이드를 구성하되, 중간중간에 직접 펜으로 그래프 그려보기, 그래픽 계산기에 함숫값을 입력해서 그래프 확인하기, 슬라이더를 이용해서 그래프의 변화 관찰하기 등의 활동을 넣어서 학생들이 단순 문제 풀이에 치우치지 않고 보다 원리와 개념에 충실하게 유리함수를 이해할 수 있도록 만들 수 있습니다. 일시정지 기능과 속도 조절 기능을 이용해 학생들을 통제하고, 학생들의 활동을 실시간으로 확인하며 스크린샷 기능을 이용해 학생들의 활동 결과를 함께 공유하고 비교할 수 있습니다.

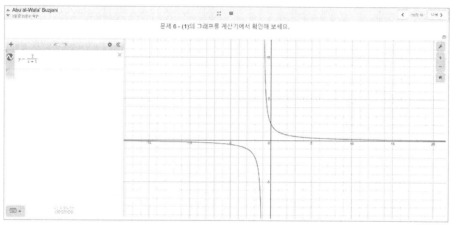

그래픽 계산기로 그래프 그리기

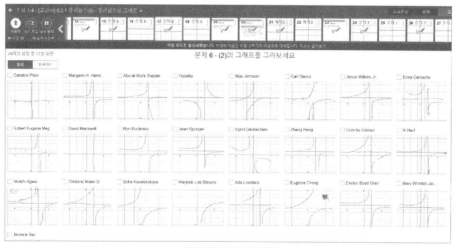

학생 활동 실시간 확인하기

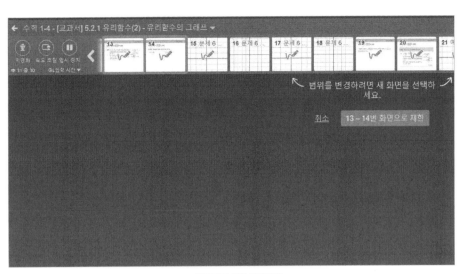

학생들의 활동 제한하기

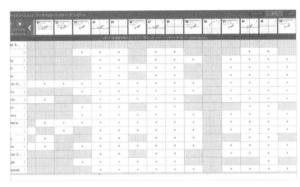

학생 활동 현황 모니터 하기

자료[데스모스 소개 영상]

2) 매쓰홀릭

매쓰홀릭은 문제풀이 기반의 수학 솔루션입니다. 교과서나 시중 유명 교재의 유사문제, 혹은 쌍둥이 문제를 학습지 형태로 배포할 수 있으며, 학생들은 웹앱이나 모바일앱, 혹은 프린트 등의 형태로 이를 풀어볼 수 있습니다. 학생들의 학습 결과는 모두 기록되어 학생과 교사 모두가 이를 확인하고 분석할 수 있습니다. 학생들은 문제를 풀다가 모르는 문제가 나오면 유형 동영상을 시청할 수 있으며, 틀린 문제의 유사 문항을 곧바로 다시 풀어볼 수 있습니다. 또한 매쓰톡이라는 소통 수단을 이용해 교사에게 궁금한 문제를 바로 질문할 수 있습니다.

학생들 학습 현황 요약 보기

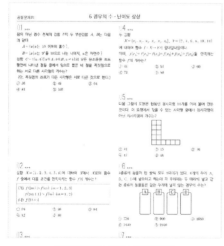

학습지 형태로 보거나 프린트하기

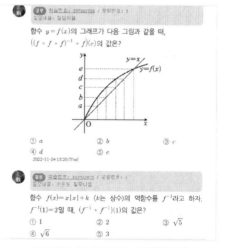

[매쓰홀릭]-[매쓰톡] 모르는 문제 질문하기

웹에서 학생들의 문제 풀이 화면 보기

교과서와 시중교재 학습지 제작하기

3) Google 설문지, Google 스프레드시트, Google 클래스룸

　Google 설문지는 다양한 용도로 사용될 수 있는 다기능 도구입니다. 설문 응답은 Google 스프레드시트에 실시간으로 기록됩니다. 학생들에게 수업 중 하는 활동 하나 하나를 설문을 통해 기록하도록 한 후 이를 실시간으로 표나 차트로 만들어 화면에 띄우면 학생들은 자신의 활동이 실시간으로 기록되고 반영되는 것을 확인할 수 있으며, 교사는 학급의 활동 상황을 차트 등을 통해 직관적으로 확인하고 조율할 수 있게 됩니다. 수업 후에는 이 기록을 토대로 학생들에 대한 특기사항을 기록하거나, 기타 평가에 활용할 수도 있습니다. Google 클래스룸은 Google 설문지나 Google 스프레드시트등의 리소스를 반별로 쉽게 게시하고 학생들이 활용할 수 있도록 돕는 학습 플랫폼입니다.

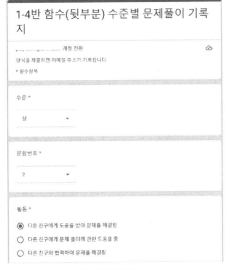

[Google 설문지] 학생들의 활동 기록하기

[Google 스프레드시트] 학생들의 설문 응답 결과 확인하기

[Google 스프레드시트] 학생 활동이 실시간 반영된 차트

[Google 클래스룸] 과제 제시하기

[Google 클래스룸] 수업 생성하기

III
실젠! 디지털교과서 프로젝트

디지털교과서

경기 솔터초등학교 이서영   적용학년 초6   적용교과 사회   적용도구 캔바

교사 **경기 솔터초 이서영**

+ 에듀테크 활용 교수학습 개요

디지털교과서와 만들어가는 디지털교과서를 활용하여 단원을 재구성한 사례입니다.

교과	사회		학년 학기	초등 5학년 2학기
주제/제목	· 주제: 크롬북 속 역사 수업으로 에듀테크 활용 디지털 리터러시 소양 기르기 · 단원 주제: 5-2-2-1. 새로운 사회를 향한 움직임		학생 수	12시간
활용 에듀테크	· 에듀테크 - **디지털교과서**, **캔바**[Canva], **퀴즈앤**(Quizn), **북 크리에이터**[Book creator], **젭**[ZEP]			

+ 에듀테크 활용 교수학습 평가 계획

성취기준	수행과제	활용 에듀테크
[6사04-01] 영·정조 시기의 개혁 정치와 서민 문화의 발달을 중심으로 조선 후기 사회와 문화의 변화 모습을 탐색한다.	· 디지털교과서를 활용하여 내용을 파악하였는가? · 다양한 에듀테크 도구를 활용하여 조선 후기 사회 문화의 변화 모습을 설명할 수 있는가?	디지털교과서, 캔바, 퀴즈앤, 젭
[6사04-02] 조선 사회의 모순을 극복하기 위해 개혁을 시도한 인물(정약용, 흥선 대원군, 김옥균과 전봉준 등)의 활동을 중심으로 사회 변화를 위한 옛사람들의 노력을 탐색한다.	· 인물을 중심으로 주제별 내용을 정리하여 활동을 제시할 수 있는가? · 정리 과정을 통해 옛사람들의 노력과 노력의 의의를 설명할 수 있는가?	퀴즈앤, 북크리에이터, 젭

+ 에듀테크 활용 교수학습 설계

		학급 계획 개요
차시별 주요 활동	[1~3차시]	1) 디지털교과서 - 차시별 내용 분석하기 (모둠 활동 - 전문가학습모형) 2) 캔바 - 학습정리 프레젠테이션 및 영상 제작
	[4차시]	3) 퀴즈앤 비디오 - 학습정리 영상 퀴즈 제작
	[5~9차시]	4) 메타버스 젭 - 차시별 내용 모둠별로 전차시 학습
	[10차시]	5) 메타버스 젭 - 방탈출 게임으로 주제학습 확인
	[11~12차시]	6) 캔바 - 주제별 인물 사전 신문 만들기로 주제학습 내용 마무리 다지기

학급 계획 개요			
사전 진단 활동	· 삽화, 핵심 문장으로 모둠원들과 배경지식 나누기 · 역사의 연표 보며 모둠원들과 배경지식 나누기 · 위 2가지 활동을 관찰하며 진단하기		
차시	교수-학습 경험 (학습활동, 주요 학습 경험 및 수업의 요약)	과정 모니터링 (형성평가)	활용 에듀테크
1~3차시	· 주요 학습 경험 및 수업의 요약 · **에듀테크 활용 학습 목표: 디지털교과서로 차시별 내용을 분석하여 학습 정리 영상 자료를 만들어 봅시다.** · 모둠별로 차시를 나누어 각자 맡은 내용을 **디지털교과서** 콘텐츠로 분석합니다. 내용을 분석하면서 **핵심 단어 정리 활동지**를 모둠원들과 소통하며 함께 해결합니다. · 모둠별로 협동하여 분석한 내용을 **디지털 저작 도구인 캔바로 학습 정리 프레젠테이션**을 만들고 영상으로 변환하는 활동을 합니다. · 완성한 캔바 영상을 **퀴즈앤 – 보드**에 업로드 하여 상호 피드백을 합니다. (모둠별 영상은 학습 유튜브 채널에 교사가 업로드 하여 재생목록 링크를 학생들과 공유합니다.) · 학습활동 · **활동 1. 디지털교과서**로 차시별 내용 분석하기 · **활동 2. 핵심 단어 정리 활동지** 정리하기 · **활동 3. 캔바**로 학습 정리 프레젠테이션 만들고 영상으로 변환 편집하기 〈모둠별 차시 – 전문가학습모형〉 1모둠: 영조와 정조의 개혁 정책 알아보기 2모둠: 조선 후기에 사회 문제를 해결하려고 했던 노력 알아보기 3모둠: 서민 문화에 나타난 사람들의 생활 모습 알아보기 4모둠: 흥선 대원군의 정책과 강화도 조약을 살펴보고 조선 후기 사회의 모습 알아보기 5모둠: 갑신정변에 참여한 사람들의 주장 알아보기 6모둠: 동학 농민 운동을 살펴보고 당시 사람들의 생각 알아보기	관찰 평가	[디지털교과서] [캔바] [퀴즈앤]– [보드]
4차시	· 주요 학습 경험 및 수업의 요약 · **에듀테크 활용 학습 목표: 차시별 핵심 질문으로 퀴즈앤 영상 퀴즈를 만들어 봅시다.** · 전 차시에서 모둠별로 완성한 핵심 단어 정리 활동지를 활용하여 차시별 핵심 문제를 만드는 활동을 합니다. 이 때, 협업 활동이 가능한 캔바로 문항 제작 활동지를 배부하여 모둠별로 협동하여 소통하며 문항을 함께 제작할 수 있도록 합니다. 문항 제작 시 핵심 단어가 답이 될 수 있도록 지도합니다.	관찰 평가	[캔바] [퀴즈앤]– [보드]

	·전 차시에서 교사가 공유해준 유튜브 영상 재생목록에서 모둠별 학습 정리 영상 URL을 복사하여 퀴즈앤 비디오를 제작합니다. 완료된 퀴즈앤 비디오는 모둠별로 검토한 후 복사가 가능한 공유 링크를 교사에게 제출합니다. ·학습활동 ·**활동 1.** 핵심 단어 정리 활동지를 활용하여 **모둠별 핵심 질문** 만들기 (캔바 활동지) ·**활동 2. 퀴즈앤 비디오** 퀴즈 만들기		
5~9차시	·**주요 학습 경험 및 수업의 요약** ·**에듀테크 활용 학습 목표: 메타버스 차시별 활동 공간**에서 모둠별로 전 차시 주제를 탐색해 봅시다. ·전 차시에 모둠별로 완성한 차시 분석자료를 **메타버스 차시별 활동 공간**에 게시합니다. 총 6개로 제작된 공간을 모둠별로 탐색하며 차시별 내용을 모두 분석합니다. ·각 메타버스 공간에는 **1) 차시별 학습 정리 영상, 2) 디지털교과서 차시 URL 연결, 3) 차시별 탐구 활동이 게시된 퀴즈앤 보드**를 게시합니다. 모둠별로 각 공간에 게시된 게시물 순서대로 함께 활동하면서 내용을 능동적으로 분석할 수 있도록 지도합니다. ·각 **메타버스 차시별 활동 공간은 20분씩 활동**으로 5~8차시(총 4차시)로 운영합니다. 마지막 9차시에는 **모둠별로 게시한 차시별 퀴즈앤 보드**의 내용을 열람하고 좋아요 반응과 댓글로 **상호 평가**를 실시합니다. ·학습활동 ·**활동 1. 메타버스 차시별 활동 공간**에서 학습 정리 영상 시청 ·**활동 2. 디지털교과서** 차시별 내용 모둠별 분석하기 ·**활동 3. 퀴즈앤 보드의 탐구 활동** 모둠별로 해결하기 〈 **메타버스 차시별 활동 공간 – 6개의 공간 활동** 〉 ※ 차시별 모둠 활동 시간 20분 공간1: 영조와 정조의 개혁 정책 공간2: 조선 후기에 사회 문제를 해결하려고 했던 노력 공간3: 서민 문화에 나타난 사람들의 생활 모습 공간4: 흥선 대원군의 정책과 강화도 조약으로 알아본 조선 후기 사회의 모습 공간5: 갑신정변에 참여한 사람들의 주장 공간6: 동학 농민 운동으로 살펴본 당시 사람들의 생각	상호 평가	🔎 [젭] 🔎 [디지털교과서] 🔎 [퀴즈앤]–[보드]
10차시	·**주요 학습 경험 및 수업의 요약** ·**에듀테크 활용 학습 목표: 메타버스 방탈출 게임**으로 역사 주제 학습을 확인해 봅시다. ·주제학습을 통해 알게된 내용을 **메타버스 방탈출 게임**을 통해 확인하는 활동입니다. 모둠별로 전문가학습모형으로 학생들이 스스로 분석하고 만든 영상 퀴즈를 모아 교사가 방탈출 게임을 제작하여 배부합니다.	관찰 평가, 구술 평가, 상호 평가	🔎 [젭] 🔎 [퀴즈앤]–[보드]

	· 모둠별로 함께 의사소통을 하며 방탈출 게임을 해결해 나아가는 과정에서 소통 및 협업 능력을 향상 시킬 수 있도록 지도합니다. · 방탈출 게임 완료 후 주제학습을 통해 새롭게 알게된 내용을 정리하고 발표하는 활동으로 주제 학습을 마무리합니다. 이 때 발표 내용은 퀴즈앤 보드에 기재하여 발표 완료 후 서로의 내용을 공유하며 반응와 댓글로 상호평가를 할 수 있도록 합니다. · 학습활동 · **활동 1. 메타버스 방탈출 게임 참여하기** · **활동 2. 주제 학습을 통해 알게된 점 발표하기**		
11~12차시	· 주요 학습 경험 및 수업의 요약 · **에듀테크 활용 학습 목표: 주제 학습 내용을 인물 중심으로 정리하여 캔바 인물 사전 신문을 만들어 봅시다.** · 주제 학습의 내용을 주요 인물을 중심으로 재배치 해보는 활동입니다. 디지털 디자인 협업 저작 도구인 **북 크리에이터로 인물 사전 신문**을 모둠별로 제작하여 주제 학습 내용을 다시 정리해 보는 활동입니다. 이 활동을 통해 조선 사회 변화를 위해 노력한 인물들의 노력을 더욱더 깊이 있게 탐색할 수 있습니다. · 학습활동 · **활동 1.** 차시별 주요 인물 탐색하기 · **활동 2.** 캔바 인물 사전 신문 만들기 · **활동 3. 퀴즈앤 보드** 게시 후 상호 평가하기 〈 **모둠별 인물 사전 주제** 〉 1모둠: 영조, 정조, 김만덕 등 2모둠: 빙허각 이씨, 김정호, 정약용 등 3모둠: 김홍도, 신윤복 등 4모둠: 어재연, 흥선대원군 등 5모둠: 김홍집, 김옥균, 박영효, 서광범 등 6모둠: 전봉준 등	상호 평가	◎ [캔바] ◎ [퀴즈앤]– [보드]

기기	크롬북 [에듀테크 활용 수업 사전 교육]
활용 내역	● 디지털 리터러시 교육: 에듀테크 활용 수업 전 기기 활용법 지도와 함께 디지털 리터러시 교육 · 디지털 정보 보호 (계정 관리 등) · 디지털 기기의 활용 · 소프트웨어의 활용

특징 및
장단점
	● 특징
	· Chrome OS를 운영체제로 사용하는 클라우드 기반 휴대용 컴퓨터:클라우드 기반 컴퓨팅이
	  란 데이터를 기기에 저장하지 않고 인터넷(서버)에 올려 저장하는 기술
	· 노트북과 태블릿의 장점을 갖춘 기기
	· 가벼운 운영체제와 저전력 프로세서로 오래 사용 가능
	· 키보드, 터치, 펜을 모두 사용할 수 있는 기기 중 가장 저렴
	● 장단점
	· 장점: 하나의 기기에서 여러 개의 계정 로그인이 가능하며 계정별로 독립된 환경에서 작업 가
	  능
	· 장점: 키보드, 터치, 펜을 모두 사용할 수 있는 기기 중 가장 저렴한 기기로 학습용으로 적합
	· 장점: PC 환경에서의 웹앱 사용이 가능하며, 안드로이드 환경의 모바일 앱도 사용이 가능하
	  여 노트북과 태블릿의 장점을 갖춘 기기
	· 단점: 클라우드 기반 활용에 최적화된 기기로써 윈도우 환경에서 다운로드 후 설치해서 사용
	  하는 소프트웨어는 사용 불가 (예 – 한글, MS 오피스 등)

수업에서의
활용방안
	● 생산적인 학습활동을 위한 크롬북 활용 방안
	· 에듀테크 활용 수업 시작 전 사전 교육으로 크롬북 활용 교육과 함께 디지털 리터러시 교육을
	  아래 항목과 같이 지도
	· 크롬북 활용과 함께 디지털 리터러시 교육을 자연스럽게 연계하여 지도하면서 학생별 계정
	  설정과 관리의 중요성을 지도
	· 기기의 유용한 활용 방법 및 설정 지도로 소프트웨어의 이해와 활용의 필요성을 학생 스스로
	  능동적으로 참여할 수 독려
	● 수업에서의 활용 방안 상세 내용: 디지털 리터러시 교육
	· 디지털 정보 보호
	  1) 학생별 계정 로그인 및 관리 지도: 디지털 시대에서 개인의 이름과도 같은 계정의 개념 및
	     관리 방법 지도

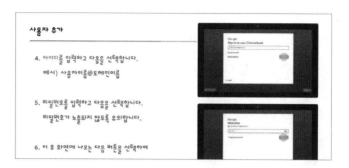

2) 소프트웨어 이해 및 활용: 학생별 계정으로 에듀테크 플랫폼 SSO(Single Sign-On)으로 로그인, 개인 데이터 관리 지도

· 디지털 기기의 활용

1) 학생별 디지털 기기 관리 설정 지도: 로그인, 로그 아웃 방법, 키보드 한영 전환, 크롬 OS 업데이트 확인 등

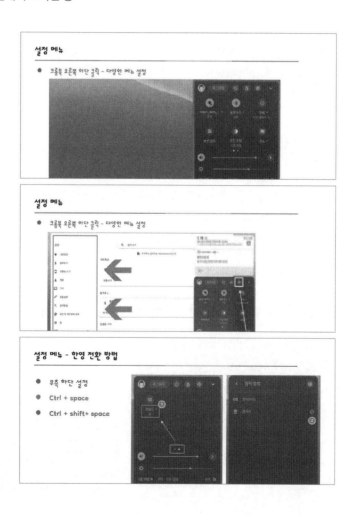

2) 소프트웨어의 활용 방법 지도: 소프트웨어의 활용성을 높이기 위한 방법 지도 – Chrome os 의 앱, 크롬앱 – 바로가기 만들기, 앱 실행기에 고정

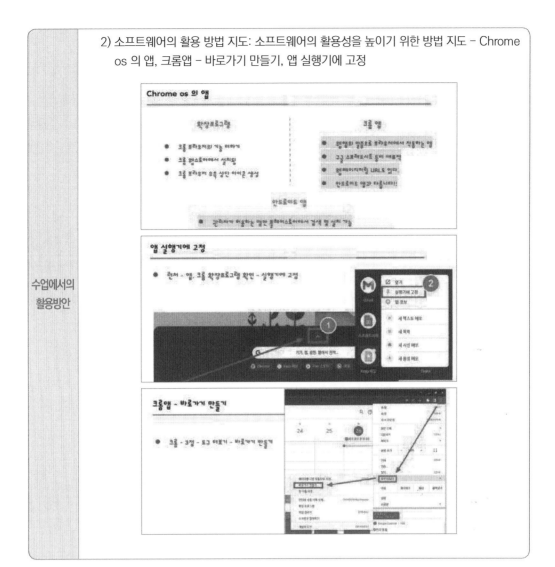

활용 에듀테크 1	디지털교과서 [공공플랫폼]
활용 내역	● 차시별 내용 분석: 디지털교과서의 기본 텍스트와 다양한 디지털 콘텐츠를 활용하여 모둠별로 선택한 차시의 내용을 분석하는 플랫폼으로 활용 · 디지털교과서 기본 텍스트 분석: 핵심 단어, 핵심 문항 등 · 디지털교과서에 추가된 멀티미디어 콘텐츠로 내용 심화 분석: 비디오, 오디오, 이미지, 실감 형 콘텐츠 등 · 디지털교과서의 자료 연결과 클래스 기능으로 다양한 에듀테크 연계 활용: 디지털교과서 내 용으로 차시별 내용 분석 후 연계하는 활용 에듀테크의 활동 URL을 자료 연결하고 클래스 기능으로 학생 디지털교과서에 동기화
특징 및 장단점	● 특징 · 서책형 교과서(교과 내용)에 용어 사전, 멀티미디어 자료, 실감형 콘텐츠, 평가 문항, 보충·심 화 학습 내용 등 풍부한 학습 자료와 학습 지원 및 관리 기능이 포함된 교과서 · 에듀넷 등 외부 교육용 콘텐츠, 다양한 에듀테크 플랫폼과 연계할 수 있는 교과서 · 교과용 도서에 관한 규정 제2조 제2호에 따른 학교 교육에 사용되는 학생용 전자 저작물로 동 규정의 편찬 및 검정 절차를 거친 정규 교과서 ● 장단점 · 장점: 학교 교육에 사용되는 학생용 전자 저작물로 편찬 및 검정 절차를 거친 정규 교과서로 써 검증된 내용을 담고 있는 콘텐츠 · 장점: 디지털교과서의 기본 텍스트와 연계한 다양한 멀티미디어 콘텐츠가 추가되어 있어 학 생 자기주도적 학습이 가능하여 거꾸로 학습(플립러닝)의 플랫폼으로 활용 · 단점: 디지털교과서에 직접 필기 동기화가 안되는 상황이 많이 발생하고, 학생들이 협업하여 소통하면서 할 수 있는 기능이 없다는 단점 － 이 단점은 2022학년도 상반기에 업데이트된 기능인 클래스 기능을 활용하여 보완 가능 (디지털교과서에 협업이 가능한 다양한 에듀테크 도구를 자료 연결 기능을 활용하여 URL을 연결하고 이를 클래스 기능으로 학생 디지털교과 서에 동기화하여 활용)
수업에서의 활용방안	● 디지털교과서를 활용한 교사-학생, 학생-학생 간 소통 및 협업 활성화 방안 · 모둠별로 분석할 차시를 선택하고(전문가학습모형) 디지털교과서의 다양한 콘텐츠를 활용하 여 차시의 중심 내용을 파악할 수 있도록 지도 · 모둠별 차시 분석 시 소통 및 협업이 가능하도록 핵심 단어 정리 활동지를 함께 해결할 수 있 도록 모둠협업활동지 배부 ● 수업에서의 활용 방안 상세 내용 · 디지털교과서의 기본 텍스트와 다양한 멀티미디어 콘텐츠로 내용 분석 1) 디지털교과서의 기본 텍스트 분석: 디지털교과서 본문 메뉴의 하이라이트 기능을 활용하 여 핵심 단어 및 핵심 문장을 표기하며 내용을 분석 － 개별로 분석 후 표기한 단어 및 문장 을 모둠협업활동지에 정리하며 심화 분석

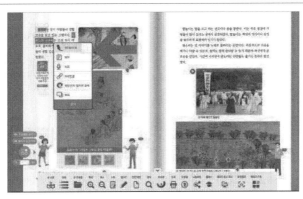

2) 다양한 멀티미디어 콘텐츠 활용: 디지털교과서에 추가되어있는 비디오, 오디오, 실감형콘
텐츠를 활용하여 모둠별로 내용에 대한 토의를 하며 심화 분석

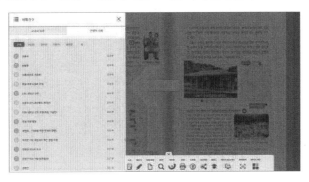

· 디지털교과서의 자료 연결과 클래스 기능으로 다양한 에듀테크 연계 활용

1) 디지털교과서 자료 연결 기능: 다양한 에듀테크 플랫폼을 URL로 연결하여 활용 가능
  – 차시별 분석 내용을 정리하여 발표 자료를 만드는 연계 활동인 캔바 프레젠테이션
    편집 링크가 게시된 퀴즈앤 보드의 URL로 연결

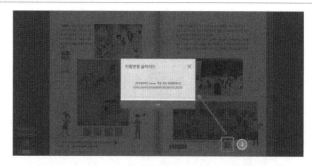

2) 디지털교과서 클래스 기능: 디지털교과의 필기나 자료 연결을 학생의 디지털교과서에 동기화할 수 있는 기능 – 연계 활동 에듀테크 퀴즈앤 보드 자료 연결을 학생의 디지털교과서에 동기화 가능하도록 게시

수업에서의 활용방안	 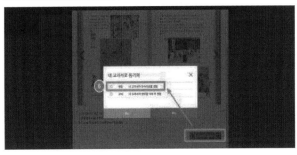

활용 에듀테크 2	캔바 [디지털 협업 디자인 저작 도구]
활용 내역	● 학습정리 프레젠테이션 및 영상 제작: 전문가학습모형으로 차시별로 분석한 모둠 학습 분석 내용을 캔바 프레젠테이션으로 제작하고, 완성된 프레젠테이션을 영상으로 변환하여 편집 후 제출 · 학습정리 프레젠테이션: 모둠별로 협업이 가능한 캔바 프레젠테이션을 활용하여 학습정리 프레젠테이션을 모둠별 토의를 통해 제작 · 학습정리 영상: 완성한 프레젠테이션을 캔바에서 영상으로 변환하여 음악 및 슬라이드별 장면 시간, 애니메이션 효과를 삽입하여 영상 제작 ● 인물 사전 신문 제작: 주제 학습 내용을 인물 중심으로 재정리하는 활동으로 이 활동을 통해 조선 사회 변화를 위해 노력한 인물들을 깊이 있게 탐색 가능 · 인물 중심 학습 내용 재정리: 모둠별로 조사 정리할 인물을 선택하여 주제 학습 내용을 인물 중심으로 재정리 · 인물 사전 신문 제작: 위 활동으로 정리한 내용을 캔바 A4 신문 템플릿을 활용하여 인물 사전 신문을 제작하여 퀴즈앤 보드에 게시 후 내용 공유 및 상호 평가
특징 및 장단점	● 특징 · 캔바는 디지털 협업 디자인 저작 도구. 웹앱으로 인터넷이 연결된 상황에서 모바일, PC 크롬북 등 다양한 기기에서 모두 디자인이 가능. 다양한 디자인 요소, 템플릿을 제공하여 손쉽게 학습자의 구상을 디자은으로 표현이 가능한 디자인 도구 · 학교 교원 자격증 또는 재직 증명서로 교육자 인증 시 교육용 캔바 계정으로 업그레이드 ● 장단점 · 장점: 캔바는 수업 계획, 보고서, 포스터 등 다양한 콘텐츠를 제공하며 GIF, 동영상, 애니메이션, 음악 등의 다양한 요소 활용하여 다양한 콘텐츠 저작 가능

특징 및 장단점	· 장점: 교사만 캔바 계정으로 업그레이드하면 교사가 초대한 캔바 클래스에 입장한 학생들은 모두 기능을 업그레이드하여 자유롭게 저작 가능 · 장점: 다양한 요소와 템플릿을 제공하고 URL을 공유하여 협업이 가능하다는 장점을 가지고 있어 학급별 모둠별 협업 편집 및 완성 결과물을 공유하기 편리 · 장점: 활동지, 프레젠테이션, 영상 편집 등 다양한 콘텐츠 저작을 하나의 플랫폼에서 가능 · 단점: 완성된 결과물을 교육적 활용이 아닌 상업적 활용 및 오픈 공간 게시에서는 저작권 관련 지도가 필요 – 디지털 리터러시와 연계하여 저작권 지도를 자연스럽게 연계하여 지도 권장
수업에서의 활용방안	● 캔바를 활용한 교사-학생, 학생-학생 간 소통 및 협업 활성화 방안 · 공동 협업: 캔바는 사용자 계정이나 편집 URL을 생성하여 많은 사용자와 협업 가능한 도구. 모둠별 캔바 활동지를 생성 후 협업 URL로 교사 및 모둠원을 초대하여 협업 활성화 가능  · 댓글 및 반응: 활동 시 각 페이지별로 댓글 또는 반응으로 소통이 가능. 각 활동 페이지별로 교사 및 학생이 서로 피드백을 주고 받으면 소통 활성화 가능  ● 수업에서의 활용 방안 상세 내용 · 학습정리 프레젠테이션 및 영상 제작: 전문가학습모형으로 차시별로 분석한 모둠 학습 분석 내용을 캔바 프레젠테이션으로 제작하고, 완성된 프레젠테이션을 영상으로 변환하여 편집 후 제출 1) 학습정리 프레젠테이션 ① 디지털교과서에 자료 연결로 게시된 퀴즈앤 보드에서 모둠별 Canva 학습정리 프레젠테 이션 링크 확인 ② 캔바 프레젠테이션에서 모둠별 협업 및 소통으로 학습정리 프레젠테이션 제작

2) 학습정리 영상: 완성한 프레젠테이션을 캔바에서 영상으로 변환하여 음악 및 슬라이드별
   장면 시간, 애니메이션 효과를 삽입하여 영상 제작
   ① 캔바 프레젠테이션을 영상으로 변환

② 영상 편집: 슬라이드별 장면 시간 조정 – 애니메이션 효과 삽입 – 배경음악 상입 및 편집
   – 영상 MP4 다운로드 및 제출

③ 영상 학급 유튜브채널 재생 목록에 업로드 (교사)

· 인물 사전 신문 제작: 주제 학습 내용을 인물 중심으로 재정리하는 활동으로 이 활동을 통해
  조선 사회 변화를 위해 노력한 인물들을 깊이 있게 탐색 가능
  1) 인물 중심 학습 내용 재정리: 모둠별로 조사 정리할 인물을 선택하여 주제 학습 내용을 인
     물 중심으로 재정리
  2) 인물 사전 신문 제작: 위 활동으로 정리한 내용을 캔바 A4 신문 템플릿을 활용하여 인물
     사전 신문을 제작하여 퀴즈앤 보드에 게시 후 내용 공유 및 상호 평가
    ① 신문 템플릿 검색 및 선택

수업에서의 활용방안	② 모둠장 캔바 활동지 공유 링크 복사 후 퀴즈앤 보드에 게시  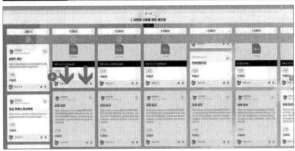 ③ 협업하여 인물 사전 신문 완성 후 퀴즈앤 보드에 게시

활용 에듀테크 3	퀴즈앤 [게이미피케이션, 보드-게시판 협업 도구]
활용 내역	● 퀴즈앤 보드: 퀴즈앤 보드는 다양한 콘텐츠를 게시할 수 있으며, 여러명의 참여자가 함께 작업할 수 있는 협업 게시판. 또한 게시물을 게시하여 공유하고 게시한 공유물에 댓글과 반응으로 상호 피드백이 가능 · 학습정리 프레젠테이션 및 영상 활동 게시판 · 메타버스 주제별 학습에 탐구 학급 협업 게시판 ● 퀴즈앤 비디오: 유튜브 영상을 링크로 삽입하여 영상 중간에 퀴즈를 넣어 영상 퀴즈 제작. 선택형, 단답형 등 9가지의 다양한 문제 유형의 퀴즈 삽입 가능 · 학습정리 영상 퀴즈 제작
특징 및 장단점	● 특징 · 퀴즈앤은 게이미피케이션, 게시판 등의 다양한 기능 갖춘 협업 도구 · 퀴즈앤 보드는 여러 명의 참여자가 함께 협업이 가능하며 담벼락, 그룹, 방탈출, 설문 등의 다양한 형태의 보드 제작이 가능. · 퀴즈앤 비디오는 유튜브 영상을 삽입하여 영상 중간에 다양한 퀴즈를 추가하여 영상의 내용을 이해하였는지 확인 가능. 또한 퀴즈 건너뛰기 제한을 옵션으로 제공하여 영상 퀴즈를 과제로 내어주고 과제 수행 여부를 확인 가능한 도구 ● 장단점 · 장점: 퀴즈앤 보드는 여러 명의 참여자가 공동 협업을 할 수 있다는 장점이 있고, 방탈출, 챌린지 등의 다양한 형태의 게시판을 하나의 보드 안에서 페이지를 추가하여 유기적으로 연계하여 운영이 가능 · 장점: 퀴즈앤 비디오는 유튜브 영상 중간에 내용을 확인 할 수 있는 다양향 형태의 문항을 추가하여 영상 퀴즈로 제작 배부하여 영상의 내용을 내실있게 파악할 수 있도록 제공 가능

특징 및 장단점	· 장점: 퀴즈앤의 비디오, 쇼, 보드의 각각의 기능을 상호 연계하여 방탈출 게임이나 다양한 자료로 활용 가능 · 단점: 무료 버전에서는 10명만 협업이 가능하여 학급 전체가 함께 게임에 참여하거나 게시판 활동을 하기 위해서는 유료 결제가 필요한 도구
수업에서의 활용방안	● 퀴즈앤을 활용한 교사-학생, 학생-학생 간 소통 및 협업 활성화 방안 · 퀴즈앤 보드 협업 게시: 많은 참여자가 함께 공동 협업이 가능  · 퀴즈앤 보드의 댓글 및 반응: 게시한 글에 대해서 댓글 또는 반응으로 상호 피드백 가능 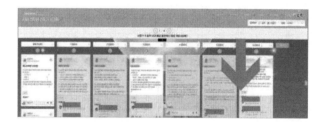 ● 수업에서의 활용 방안 상세 내용 · 퀴즈앤 보드: 퀴즈앤 보드는 다양한 콘텐츠를 게시할 수 있으며, 여러명의 참여자가 함께 작 업할 수 있는 협업 게시판. 또한 게시물을 게시하여 공유하고 게시한 공유물에 댓글과 반응으 로 상호 피드백이 가능 　1) 학습정리 프레젠테이션 및 영상 활동 게시판: 모둠별로 작업 시 게시하여 공유가 필요한 자 　　료들을 게시 – 업로드 폴더, 영상 유튜브 재생 목록, 캔바 프레젠테이션 협업 URL 등 

2) 메타버스 주제별 학습에 탐구 학급 협업 게시판: 주제별 탐구 활동을 퀴즈앤 보드로 제작하여 메타버스 공간에 게시

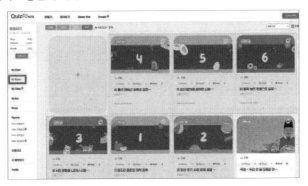

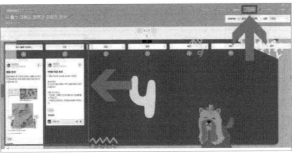

· 퀴즈앤 비디오: 유튜브 영상을 링크로 삽입하여 영상 중간에 퀴즈를 넣어 영상 퀴즈 제작. 선택형, 단답형 등 9가지의 다양한 문제 유형의 퀴즈 삽입 가능
1) 학습정리 영상 퀴즈 제작: 영상 퀴즈 제작 – 퀴즈 URL 공유

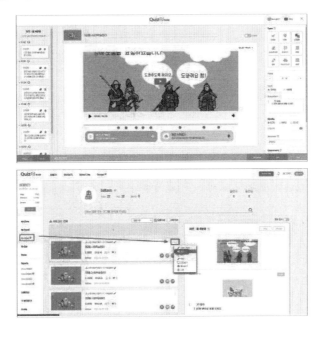

활용 에듀테크 4	젭 [메타버스 플랫폼]
활용 내역	● 메타버스 차시별 활동 (6개 공간 활동) · 메타버스 차시별 활동 공간에서 전 차시의 주제를 모둠별로 학습 · 각 메타버스 공간에는 **1) 차시별 학습 정리 영상, 2) 디지털교과서 차시 URL 연결, 3) 차시별 탐구 활동이 게시된 퀴즈앤 보드** 게시 ● 메타버스 방탈출 게임 · 퀴즈앤 비디오를 메타버스 공간에 게시하여 방탈출 게임 제작 · 이 게임으로 역사 주제 학습 여부 확인
특징 및 장단점	● 특징 · 젭은 학생이 능동적으로 자기주도적으로 학습에 참여가 가능하여 학생들의 학습 흥미도나 참여도 높일 수 있는 도구 · 다양한 에듀테크를 URL로 게시 가능하여 수업의 구성을 교사의 의도대로 구성하여 활용 가능 ● 장단점 · 장점: 학생이 아바타를 선택하여 자기주도적으로 학습에 참여가 가능하여 학습에 대한 흥미도가 참여도 높일 수 있음. · 장점: 다양한 에듀테크 연계가 가능하여 수업의 구성을 교사의 의도대로 제작 활용이 가능 – 다양한 교과 수업에 활용 가능
수업에서의 활용방안	● 수업에서의 활용 방안 상세 내용 · 학급 메타버스 공간 솔터초 5학년3반

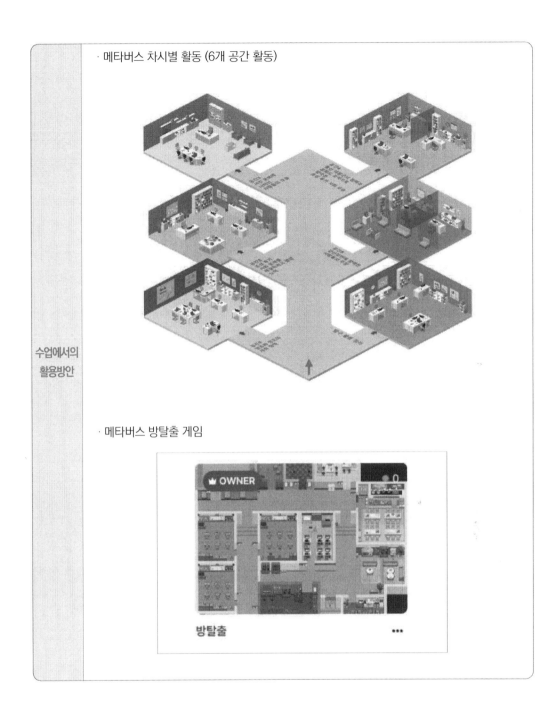

· 메타버스 방탈출 게임

바로 알고 따라하는 온배움 에듀테크

발　행 | 2023년 4월 14일
저　자 | 이서영, 허미주, 박전, 도현숙, 권혜진, 장수인, 김희연, 김우람, 박영숙
　　　　　안슬기, 오한나, 이현준, 한의표, 홍영택, 황형준
펴낸이 | 한건희
펴낸곳 | 주식회사 부크크
출판사등록 | 2014.07.15.(제2014-16호)
주　소 | 서울특별시 금천구 가산디지털1로 119 SK트윈타워 A동 305호
전　화 | 1670-8316
이메일 | info@bookk.co.kr

ISBN | 979-11-410-2451-2

www.bookk.co.kr